国家知识产权局 ◎ 组织编写

全国中小学知识产权教育示范读本

（试用本 第2版）

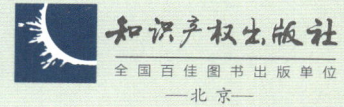

—北京—

图书在版编目（CIP）数据

全国中小学知识产权教育示范读本：试用本／国家知识产权局组织编写；段晓梅，金云翔，杨敏锋撰文．— 2版．— 北京：知识产权出版社，2022.1

ISBN 978-7-5130-7829-0

Ⅰ．①全… Ⅱ．①国… ②段… ③金… ④杨… Ⅲ．①知识产权—中国—青少年读物 Ⅳ．①D923.4-49

中国版本图书馆CIP数据核字（2021）第229501号

项目策划：刘　超　　　　　　　　项目执行：黄清明
责任编辑：李陵书　　　　　　　　责任校对：王　岩
封面设计：研美设计　　　　　　　责任印制：刘译文

全国中小学知识产权教育示范读本（试用本　第2版）

国家知识产权局　组织编写

段晓梅　金云翔　杨敏锋　撰文

出版发行：知识产权出版社 有限责任公司	网　　址：http://www.ipph.cn
社　　址：北京市海淀区气象路50号院	邮　　编：100081
责编电话：010-82000860 转 8165	责编邮箱：lilingshu_1985@163.com
发行电话：010-82000860 转 8101/8102	发行传真：010-82000893/82005070/82000270
印　　刷：三河市国英印务有限公司	经　　销：各大网上书店、新华书店及相关专业书店
开　　本：787mm×1092mm　1/16	印　　张：6.75
版　　次：2022年1月第1版	印　　次：2022年1月第1次印刷
字　　数：95千字	定　　价：28.00元
ISBN 978-7-5130-7829-0	

出版权专有　侵权必究

如有印装质量问题，本社负责调换。

《全国中小学知识产权教育示范读本》编委会

主　　　任 | 申长雨
副 主 任 | 甘绍宁　胡文辉
执 行 主 任 | 诸敏刚　刘　超
编　　　委 | 段玉萍　段晓梅　金云翔　杨敏锋
　　　　　　王润贵　汤腊冬　黄清明

编者的话

习近平总书记在中共中央政治局第二十五次集体学习时发表重要讲话指出："当前，我国正在从知识产权引进大国向知识产权创造大国转变，知识产权工作正在从追求数量向提高质量转变。""必须从国家战略高度和进入新发展阶段要求出发，全面加强知识产权保护工作，促进建设现代化经济体系，激发全社会创新活力，推动构建新发展格局。""要加强知识产权保护宣传教育，增强全社会尊重和保护知识产权的意识。"

我国知识产权保护工作，新中国成立后不久就开始了。总的看，我国知识产权事业不断发展，走出了一条中国特色知识产权发展之路，知识产权保护工作取得了历史性成就，全社会尊重和保护知识产权意识明显提升。

中共中央、国务院印发的《知识产权强国建设纲要（2021—2035年）》提出，"建设促进知识产权高质量发展的人文社会环境"，"塑造尊重知识、崇尚创新、诚信守法、公平竞争的知识产权文化理念"，"培养新时代知识产权文化自觉和文化自信"，特别强调"进一步推进中小学知识产权教育，持续提升青少年的知识产权意识"。国务院印发的《"十四五"国家知识产权保护和运用规划》提出，"加强知识产权文化建设"，其中的"知识产权普及教育工程"强调"推动知识产权普及教育进校园。支持大中小学开展知识产权基础性普及教育。鼓励知识产权专家进校园，促进知识产权教育与学校创新实践活动相融合，持续推进全国中小学知识产权教育工作"。

近年来，通过全国中小学知识产权教育试点示范工作的开展，全国中小学知识产权教育工作体系更加完备，教育实践更加深入，教学活动大量增加，逐渐形成了具有专业师资力量、良好体验平台以及有效激励措施的良好工作局面，逐步积累了一批优质教学资源。

在国家知识产权局主持下，2018年我们组织编写并出版了《全国中小学知识产权教育示范读本（试用本）》。该书第1版推出以来，受到众多学校和师生的一致好评，被许多地方作为开展中小学知识产权教育的学习读本广泛使用。新修改的《商标法》自2019年11月1日起施行，新修改的《专利法》《著作权法》自2021年6月1日起施行。为深入贯彻习近平总书记重要指示精神和《知识产权强国建设纲要（2021—2035年）》《"十四五"国家知识产权保护和运用规划》，适应新修订的有关法律，更好地加强知识产权宣传教育，我们重新组织作者团队，编写出版了《全国中小学知识产权教育示范读本（试用本 第2版）》（以下简称《读本》）。

期待通过学讲《读本》，使中小学生了解知识产权的基本知识，增强尊重和保护知识产权的意识，共同塑造知识产权文化理念。

由于时间仓促，编写者水平有限，《读本》错漏之处在所难免，恳请广大读者在使用中不断发现问题，提出批评和建议，以便我们再版时修订完善。

《全国中小学知识产权教育示范读本》编委会
2021年12月

目 录

01 第一单元
知识产权基本知识

002　第一课　知识产权的基本内容

008　第二课　知识产权与我们息息相关

02 第二单元
发明创造与专利

016　第一课　专利制度的基本内容

026　第二课　专利申请与授权

034　第三课　专利权的保护

03 第三单元
商品、服务与商标

042　第一课　商标的基础知识

051　第二课　商标注册

058 第三课 商标权的保护

第四单元
作品与著作权

064 第一课 作品与作者

070 第二课 著作权的基本知识

080 第三课 著作权的保护

第五单元
知识产权保护的其他内容

086 第一课 植物新品种

090 第二课 商业秘密

093 第三课 集成电路布图设计

096 第四课 地理标志

099 第五课 互联网域名

第一单元

知识产权基本知识

知识产权的基本内容

人类社会发展的历程表明，人类社会从低级到高级，从简单到复杂，从原始到现代的进化历程，就是一个不断创新的过程。知识产权的本质是鼓励创新、保护创新，是"为天才之火添上利益之油"。知识产权制度最早萌芽于文艺复兴时期的意大利，历经500多年的发展，知识产权制度走过了不断完善、从国内法到国际知识产权法律制度的漫长路程，发挥着越来越重要的作用。这既是历史的必然，也是人类在征服自然、改造社会的过程中不断完善自我的真实写照。

什么是知识产权

智力劳动，又称脑力劳动，一般而言，是指人类主要依靠头脑中的知识和智慧进行改造自然、改造社会的活动，是与体力劳动相对应的一个概念。从思维属性上说，创新不是别的，正是人类一种特殊的智力劳动。人类智力劳动遍及科学、技术、工程、艺术等诸多方面。这些智力劳动的成果丰富多样，包括在科学和技术领域产生的各种新产品、新工艺、新配方等；在艺术领域产生的音乐、戏剧、绘画、雕塑、摄影、电影等；还有各具形态的标识或标

记等。**人们通常把智力成果分成三大类，即发明创造，商业标识，文学、艺术和科学作品。**

知识产权，是指个人或者企业就其智力成果所依法享有的专有权利，是一种无形财产权。"知识产权"一词是一组权利的统称。传统上，这组权利包括专利权、商标权和著作权。有关这三项权利的保护构成了现代知识产权制度的基本内容。

知识产权制度作为保护人类智力成果的重要制度，是人类社会科技与经济发展到一定阶段的产物。人类进入阶级社会以后，知识产品的创造者与使用者之间的矛盾冲突不断增加，由此产生了界定知识产品产权并对其建立相应的无形财产保护制度的客观需要，以便调整知识产品生产的成本与收益关系、防止知识产品的无偿使用或消费情形的发生。于是，协调和平衡知识产品创造者和使用者之间利益关系的知识产权制度出现了。这一制度通过授予发明创造者以产权，为权利人提供了经济、有效和持久的创新激励，保证了创新活动在新的高度上不断向前发展，从而促进了创新成果不断地转化为先进生产力，推动社会发展。同时，由于知识产品外部价值的存在，知识产权制度还起到调节知识产权人的垄断利益与社会公共利益之间关系的作用，担负着实现知识资源有效配置、促进知识财富不断增加的使命。

知识产权制度是促进人类经济发展、社会进步、科技创新、文化繁荣的基本法律制度。知识产权制度就是为了赋予创造者对其智力成果的控制权而建立起来的，目的在于促使人们创造出更多的智力成果，为人类谋福利。

专利制度诞生后，世界上对人类文明产生重要影响的许多发明创造被授予专利权，例如：斯蒂芬森发明的火车机车，诺贝尔发明的炸药，爱迪生发明的白炽灯、留声机，卡尔·奔驰发明的汽车以及狄塞尔发明的柴油机，等等。专利制度的确立，保护了发明创造者的利益，刺激了发明创造者的热情，使得发明创造大量涌现，带来了技术革新的浪潮，创造了西方现代经济增长的奇迹，深刻影响了历史。

分析思考

（1）爱迪生是家喻户晓的"发明大王"，你知道爱迪生有哪些重要的发明创造吗？请通过网络、图书馆等途径查阅相关资料，并与同学们分享。

（2）请同学们想一想，如果没有知识产权保护制度，爱迪生还能持之以恒地搞发明创造吗？

托马斯·爱迪生

知识产权的主要内容

知识产权的实质就是把人类的智力成果作为无形财产来看待。**传统的知识产权主要包括专利权、商标权和著作权。**

**资料卡**：专利权、商标权和著作权

专利权，是指法律赋予专利权人对其获得专利的发明创造在一定

范围内依法享有的专有权利。1474年，威尼斯共和国颁布了世界上第一部专利法。该法规定，权利人对其发明享有10年的垄断权，任何人未经同意不得仿造与受保护的发明相同的设施，否则将赔偿百枚金币，并销毁全部仿造设施。1624年，英国议会颁布了《垄断法规》，其中包含了大量专利条款，该法被认为是世界上第一部具有现代意义的专利法，它的基本原则和某些具体规定被许多国家制定专利法时仿效和借鉴。18世纪末到19世纪初，欧洲大陆各国和美国相继实行了专利制度。

商标权，是指商标所有人在一定地域范围内，依法直接支配特定商标，并排除他人非法干涉的权利。商标是指商品的生产者、经营者或者服务的提供者为了标明自己、区别他人而在自己的商品或者服务上使用的具有显著性的符号。商标的起源可追溯至古代，最初是在产品上刻上制作者的姓名，当时的工匠将其姓名或标记印制在其产品上，以便在交换中同他人的产品相区别。商标是商品经济发展到一定阶段的产物。在商品经济中，商品生产者通过商标向消费者推荐自己的商品，提高产品的知名度，扩大产品的销售，保护企业的正当权益和信誉；消费者借助商标辨识商品，选择自己信赖的商品。

著作权，也称版权，是指文学、艺术、科学作品的作者对自己的作品所享有的专有权利。著作权是知识产权的重要组成部分。加强著作权保护，有利于保障作者和相关权利人的合法权益，激励人们创作出更多有价值的作品，促进优秀作品的传播和利用，提升公众的文学、艺术和科学素养，对于促进人类文化和科学事业的发展与繁荣，具有十分重要的现实意义。

知识产权是一个开放的概念，它的内涵和外延是随着社会和人类认识的发展不断变化的。随着科学技术的迅猛发展，知识产权保护对象的范围也在不断扩大，商业秘密、地理标志、植物新品种、集成电路布图设计、互联网域名等，也逐渐成为世界各国知识产权制度保护的对象。

知识产权的主要特征

知识产权从本质上说是一种无形财产权。作为无形财产权，知识产权的主要特征包括**专有性**、**地域性**和**时间性**。

资料卡：知识产权的"三性"

专有性，也称为独占性或排他性，即知识产权权利人对其智力成果享有独占和排他的权利。未经权利人许可，任何单位或者个人不得使用权利人的智力成果。对于专利权、商标权等知识产权，专有性也意味着不允许存在两个以上完全相同的权利。例如，甲公司如果就某项技术方案申请专利并获得了专利授权，他人则无法就相同的技术方案获得专利保护。

地域性，是指根据一国法律所取得的知识产权，仅在该国法律管辖范围内受到保护，而在其他国家则不受该国法律的保护，除非两国之间有双边的知识产权保护协定，或共同参加了有关保护知识产权的国际条约。例如，甲公司在A国获得保护的专利权或商标权，在B国并不受到同样的保护，除非这两个国家之间存在双边或多边协定。一般情况下，甲公司的专利或商标如果想在B国获得保护，就必须在B国进行申请并获得授权。

时间性，是指人们所获得的知识产权不是永久有效的，只在法律规定的期限内受到保护。各国法律对不同类型的知识产权分别规定了一定的保护期限。保护期限届满后，相关知识产权就会进入公共领域，成为全社会的共同财富，此时公众可以对其进行自由使用，不再受到知识产权权利人的限制。

分析思考

请同学们想一想，各国法律为什么都要对不同类型的知识产权设置一定的保护期限呢？

创新是引领发展的第一动力，保护知识产权就是保护创新。从人类文明发展历史角度来看，如果说抓住科技革命的机遇深刻影响着一个国家的前途命运，那么创新活动就是这一行为的关键驱动因素，而对知识产权的保护又是创新活动的重要支撑。在我国努力推动中国制造向中国创造转变、中国速度向中国质量转变、中国产品向中国品牌转变的过程中，只有充分发挥知识产权制度对创新原动力的基本保障作用，才能支撑国家的创新发展。知识产权是激励创新的基本制度。一个国家只有构建好、运用好知识产权制度，才能释放出更强的创新活力，屹立在引领未来发展的创新之巅。

第二课
知识产权与我们息息相关

知识产权就在我们的生活、工作和学习之中，它无时不在、无处不有，与我们的日常生活息息相关。在我们的周围，大到生存环境，小到日常生活用品，处处都有知识产权的印迹，知识产权造福人类的生活，知识产权让人类的梦想腾飞，知识产权是我们人类共同的财富。

知识产权无处不在

现在，我们的生活已经离不开知识产权了。例如，手机作为人们普遍使用的一种通信工具，就涉及丰富的知识产权：商标代表了手机的品牌；手机的外观和手机的屏幕、电池、主板、芯片、存储器等各种零部件，以及4G、5G等技术涉及的全球移动通信标准问题，可能与专利有关；而手机中的软件、游戏、照片、音乐、视频等则涉及著作权。一部小小的手机，就是一个以大量知识产权为核心的智力成果的集合体。

手机的各种零部件

第一单元 知识产权基本知识

在我们的日常生活中，各种交通工具，如飞机、轮船、高铁、汽车、电动自行车、电动滑板车；超市里各种各样的商品，如洗发水、洗衣液、牛奶、饮料、糖果；商场里令人眼花缭乱的化妆品、服装、箱包、饰品、鞋……几乎所有的东西都与知识产权相关。知识产权早已悄悄地走进了我们的生活，生活中的知识产权无处不在。知识产权使我们的生活更加惬意、更加便捷、更加安全。

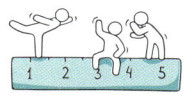

问题讨论

（1）知识产权已经渗透到人们生活的方方面面，上至在云端的科技创新，下至接地气的衣食住行，处处都有知识产权的"身影"。请同学们找一找，自己身边有哪些事物与知识产权相关呢？

（2）请同学们举例说明，知识产权制度如何保护人们的智力成果。

知识产权的重要作用

知识产权是知识经济时代企业最重要的资产之一，知识产权的数量与质量已成为企业竞争力的有力保证。21世纪是知识经济的时代，创新是知识经济时代的灵魂。一方面，没有创新，企业便失去了发展动力；另一方面，企业因创新而产生的知识产权如果得不到有力的保护，那么创新很快便会被复制，不仅创新成本无法回收，而且会因创新成本而提高产品价格，使创新产品失去市场竞争力。因此，对于企业而言，尤其是高新技术企业，不创新是死路，创新而不保护更是死路。如果说技术创新是企业抢占市场的"矛"，那么做好知识产权保护则是企业手中的"盾"，只有攻守兼备，企业才能在激烈的市场竞争中得到长足发展。

事例分享1-1

华为的创新与知识产权保护之路

华为创立于1987年,是全球领先的ICT(信息与通信技术)基础设施和智能终端提供商。在《财富》杂志发布的2021年世界500强排行榜中,华为排名升至第44位。华为堪称当代商业史上的传奇。历经30多年的艰苦奋斗,华为从一家小公司,发展成为全球信息与通信技术行业的领导者和世界500强,创造了中国乃至世界企业发展史上的奇迹。

尊重和保护知识产权,长期大力投入资金,持续以客户为中心的研发创新,是华为生存和发展的根本。华为在创业初期就坚持将每年销售收入的10%以上投入到研发,经过30多年的发展,在产业领域的多个方向做到了技术和解决方案世界领先,这是华为多年以来坚持战略投入、厚积薄发的必然结果。

华为

尊重和保护知识产权是创新的必由之路,华为始终重视对自身创新成果的保护,从1995年申请第一件中国专利开始,华为持续在中国、美国、欧洲等主要国家和地区进行专利布局。根据美国专利服务机构IFI Claims发布的2020年美国专利授权量50强榜单,华为排名第九。2019年在欧洲专利局的专利申请排名中,华为以3524件专利申请排名第一。持续的创新投入使得华为成为全球最大的专利持有企业之一。截至2020年年底,华为全球共持有有效授权专利4万余族(超10万件),其中90%以上的专利为发明专利。根据国际权威品牌价值评估机构Brand Finance发布的《Brand Finance 2020年全球品牌价值500强报告》,2020年华为的品牌价值较2019年增长4.5%,达到650.84亿美元,首次跻身全球最有价值的十大品牌之列。

在经济全球化的今天，科技创新已成为提高综合国力的关键因素，谁抓住了科技创新的机遇，谁就能在国际竞争中抢占先机，赢得优势。创新是引领发展的第一动力，知识产权作为国家发展战略性资源和国际竞争力核心要素的作用更加凸显。实施知识产权强国战略，全面提升我国知识产权综合实力，大力激发全社会创新活力，建设中国特色、世界水平的知识产权强国，对于提升国家核心竞争力，扩大高水平对外开放，实现更高质量、更有效率、更加公平、更可持续、更为安全的发展，满足人民日益增长的美好生活需要，具有重要意义。

事例分享1-2

这些科技成就，令人振奋

我国坚持实施创新驱动发展战略，把科技创新摆在国家发展全局的核心位置。近年来，我国取得了一系列举世瞩目的科技成就，如中国空间站、"中国天眼"、"天问一号"火星探测器、"嫦娥五号"月球探测器、国产大飞机C919等，令人振奋。

2020年1月11日，具有我国自主知识产权、被誉为"中国天眼"的500米口径球面射电望远镜（FAST），通过国家验收，正式开放运行。这是目前世界上最大、最灵敏的单口径射电望远镜，能望穿百亿光年。观天巨眼所及，是人类逐梦星空的新极限。

"中国天眼"

2021年6月17日9时22分，"神舟十二号"载人飞船在酒泉卫星发射中心发射升空，前往太空与中国空间站天和核心舱对接，开启了中国航天员常驻太空的时代；6月17日18时48分，航天员聂海胜、刘伯明、汤洪波先后进入天和核心舱，标志着中国人

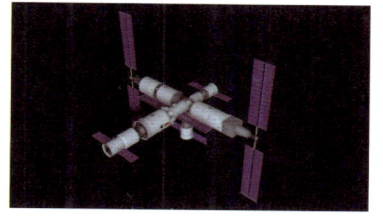

中国空间站3D模型

首次进入自己的空间站。

尊重和保护知识产权

知识产权具有特殊价值,因而侵犯知识产权的行为从来就没有停止过。知识产权作为无形财产权,具有无形性及可复制性等特点,这些特点使得知识产权较之有形财产权,更容易受到侵害。

分 析 思 考

下列四种行为是侵犯他人知识产权的行为吗?

A. 在网上上传各种歌曲、电影

B. 模仿"康师傅"方便面的"康帅傅"牌方便面

C. 抄袭他人的著作、文章或者观点

D. 未经专利权人允许,使用他人专利技术生产商品并售卖

知识产权从本质上说是一种无形财产权,它的客体是一种无形财产,是创造性的智力成果。这些智力成果与房屋、汽车等有形财产一样,都受

到国家法律的保护，都具有价值和使用价值。有些高价值专利、驰名商标或著名作品的价值甚至远远高于房屋、汽车等有形财产。我们应该坚决抵制知识产权侵权行为，向侵权行为说"不"！

创新发展是硬道理，知识产权是硬实力。保护知识产权就是保护创新。知识产权，只有起点，没有终点。创新发展，只有逗号，没有句号。世界未来的竞争就是知识产权的竞争。加强知识产权保护是完善产权保护制度最重要的内容和提高国家经济竞争力最大的激励。

2021年9月，中共中央、国务院印发了《知识产权强国建设纲要（2021—2035年）》，强调要落实全面依法治国基本方略，严格依法保护知识产权，切实维护社会公平正义和权利人合法权益。塑造尊重知识、崇尚创新、诚信守法、公平竞争的知识产权文化理念。加强教育引导、实践养成和制度保障，培养公民自觉尊重和保护知识产权的行为习惯，自觉抵制侵权假冒行为。倡导创新文化，弘扬诚信理念和契约精神，大力宣传锐意创新和诚信经营的典型企业，引导企业自觉履行尊重和保护知识产权的社会责任。厚植公平竞争的文化氛围，培养新时代知识产权文化自觉和文化自信，推动知识产权文化与法治文化、创新文化和公民道德修养融合共生、相互促进。

让我们从自己做起，合力保护知识产权。从点滴开始，共建诚信文明家园。

问题讨论

保护知识产权始于心，支持创新发展践于行。请同学们举例谈一谈自己在日常生活中应该如何尊重和保护他人的知识产权。

第二单元

发明创造与专利

专利制度的基本内容

　　1889年，美国作家马克·吐温出版了他最重要的作品之一——《康州美国佬在亚瑟王朝》，这本小说堪称穿越小说的鼻祖，讲述了19世纪美国人汉克·摩根穿越时空到中世纪英国的故事。汉克凭借超前13个世纪的学识和技能，轻而易举地登上了6世纪亚瑟王朝的"首相"宝座，他决意把中世纪的英国变成民主的现代化国家。汉克任职"首相"第一天，做的第一件公事就是建立专利局，他说："我知道，一个没有专利局以及完备专利法的国家就好像是一只螃蟹，要么横行要么倒退，反正是没法往前走的。"

马克·吐温《康州美国佬在亚瑟王朝》摘录

　　很少有人知道，马克·吐温不仅是美国的大文豪，还是一位超级科技爱好者，有过"搭扣""剪贴簿"等专利，还是大科学家特斯拉的忘年之交。他沉迷于科技，曾花费19万美元投资自动排字机。马克·吐温作为发明家和科技爱好者，显然深刻认识到专利制度对经济和社会发展的影响。

　　下面，就让我们一起来看看神奇的专利制度究竟是怎么一回事，了解专利制度的基本内容吧。

发明创造成果的专利保护

究竟什么是专利呢？

"专利"从字面上解释是指专有的权利和利益。"专利"（patent）一词来源于拉丁语litterae patentes，意为公开的信件或公共文献，是中世纪的君主用来颁布某种特权的证明。为了鼓励发明创造，封建君主往往特许授予发明人一种垄断权，让他们能够在一定期限内独家享有经营某些产品或工艺的特权。

在现代，**专利**一般是指政府机关（例如中国国家知识产权局）或者代表若干国家的区域性组织（例如欧洲专利局）根据专利申请而颁发的一种文件。这种文件记载了发明创造的内容，并且在一定期限（例如20年）内产生一种垄断权（即专利权）。一般情况下，在权利的有效期内，只有经专利权人同意，他人才能实施该发明创造。

专利制度通过"公开换保护"的方式，鼓励发明人积极向社会公开发明创造的具体技术方案，以获得在一定期限内的专利权，并激励智力劳动者不断投身于发明创造。专利期限届满后，社会公众通常可以无偿利用该专利所保护的发明创造成果。实行专利制度，有利于发明创造的推广应用，有利于促进科学技术的不断发展。

在经济全球化的推动下，世界上绝大多数的国家或地区都建有知识产权局（或者专利局）。中国国家知识产权局是世界上规模最大的知识产权局，负责统一受理、审查专利申请并依法授予专利权，有关于世界各国专利文献的丰富馆藏，有乐于为公众服务的管理人员，是创新者心中的圣地，也是备受关注的"发明人之家"。

中国国家知识产权局（张子弘摄）

事例分享 2-1

卡拉OK机发明人未申请专利，损失上亿美元

井上大佑是世界上第一部卡拉OK机的发明人，他曾被美国《时代》周刊评为20世纪最有影响的亚洲20人之一，其理由是"井上大佑改变了亚洲的夜晚"。但由于当初没有为自己的发明创造——卡拉OK机申请专利，井上大佑失去了成为亿万富豪的机会。如果当时给卡拉OK机申请了专利，井上大佑每年可取得上千万美元的巨额专利收益。

据估计，井上大佑损失的专利收益高达上亿美元。由于井上大佑没给卡拉OK机申请专利，虽然他的公司不断推陈出新，生产出性能更好的卡拉OK机，但仍敌不过实力雄厚的大公司。尤其是在激光唱片技术诞生之后，磁带卡拉OK伴唱机逐步被市场淘汰。

专利的种类

（1）发明专利。

专利法意义上的发明，是指对产品、方法或者其改进所提出的新的技术方案，可分为产品发明（如机器、仪器设备、用具等）和方法发明（如制造方法、食品加工方法、数据传输方法、物质回收提纯方法等）两大类。发明专利的保护对象范围比较广泛，保护期限为20年，符合条件的可以

发明专利证书

给予专利权期限补偿。对发明专利申请需要进行实质审查，其审查时间较长，审查费用也相对较高。相对而言，经过实质审查的发明专利有较好的法律稳定性，较高的创造性和商业价值。

（2）实用新型专利。

实用新型，是指对产品的形状、构造或者其结合所提出的适于实用的新的技术方案。相对于发明，实用新型的创造性较低，而实用性较强，因此人们一般将实用新型称为"小发明"。对实用新型专利申请只需进行形式审查，手续比较简便，费用较低。实用新型专利的保护期限为10年。比如能折叠的台灯、具有导航功能的鞋子等，都可以申请实用新型专利。

实用新型专利证书

（3）外观设计专利。

外观设计，是指对产品的整体或者局部的形状、图案或者其结合以及色彩与形状、图案的结合所作出的富有美感并适于工业应用的新设计，又被称为"工业品外观设计"。对外观设计专利申请只需进行形式审查，手续比较简便，费用较低。外观设计专利的保护期限为15年。外观设计专利保护的重点是产品的装饰性或艺术性外表设计，这种设计可以是平面图案，也可以是立体造型或者图形用户界面，如家用电器的外形、汽车外观、各种包装盒外观、手机操作界面等。

外观设计专利证书

事例分享 2-2

我们一起来看看大家熟悉的iPad平板电脑：其中的滑动解锁、iOS系统等"产品、方法的技术方案"能申请发明专利；背面有光泽弧度的机构件属于"形状、构造的技术方案"，可以申请实用新型专利；而平板电脑屏幕比例，外观整体的形状、颜色和功能键的结构排布则属于"外观形状和色彩的设计"，可以申请外观设计专利。

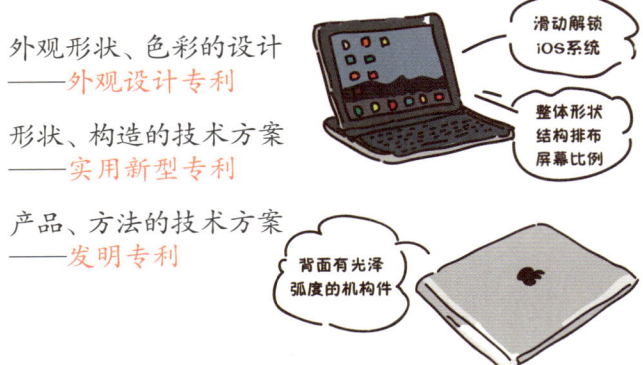

iPad平板电脑涉及的各类专利

 分析思考

下图中的产品分别可以申请哪种类型的专利？

卡通形象定制U盘　　　　艺术吊灯　　　　航拍无人机

专利的国际保护

专利权具有知识产权的普遍特征，即专有性、地域性和时间性。**专有性，**是指专利权是排他和独占的，任何单位或者个人未经专利权人许可，都不得实施其专利。**时间性，**是指人们所获得的专利权不是永久有效的，只在法律规定的期限内受到保护。**地域性，**是指专利权的有效范围仅限于授予国的领土范围内。经某一国家法律认可的专利权，仅在该国法律管辖范围内受到保护，而在其他国家则不受该国家的法律保护，除非两国之间有双边的专利（知识产权）保护协定，或共同参加了有关保护专利（知识产权）的国际条约。

事例分享2-3

结合魔方专利看专利的地域性

魔方被视为匈牙利人的骄傲、民族智力创造的代表，是迄今世界上最畅销的智力玩具之一。魔方，商品名为鲁比克方块，它的发明人是匈牙利的艾尔诺·鲁比克。鲁比克就该立方体玩具于1975年1月30日向匈牙利专利局提交了专利申请，并于1977年12月31日被授予了专利权，专利号为HU170062。

在获得专利授权后，鲁比克把他的创意委托给布达佩斯一家小玩具公司去实施，但产品在匈牙利销售状况并不好。转机出现在1978年11月，一位很喜欢数学的名叫Tibor Laczi的匈牙利海外移民深深地被魔方吸引了。Tibor Laczi热情地帮鲁比克向海外推销该产品，他参加德国纽伦堡贸易博览会时，边拧转魔方，边来回走动，把魔方不时地

艾尔诺·鲁比克

变回原来的颜色。这引起了一位英国玩具商Tom Kremer的兴趣，并且帮助他从Ideal Toy玩具公司取得了100万个魔方的订单。

魔方的生意火了，但专利权保护出了问题，海外市场大量流失。鲁比克在匈牙利申请专利后，由于没有在12个月内在国外申请专利，失去了在国外申请专利的机会；产品仅是在美国和英国通过注册商标获得"Rubik's Cube"商标保护。由于没有专利保护，不使用注册商标而低价销售魔方的情况也时有发生，在当时已销售的1亿多个魔方中，至少有一半是仿造的。为此，包括Ideal Toy在内的玩具公司对生产魔方失去了兴趣。

像发明人艾尔诺·鲁比克这样，虽然在匈牙利获得了魔方的专利权，但因没有在国外申请专利，所以他的发明只在匈牙利受到保护，这就是专利权的地域性。那么，专利的国际保护途径有哪些呢？

一般来讲，专利的国际保护主要通过以下几种途径。

（1）根据互惠或对等原则。和许多国家一样，我国《专利法》规定，如果他国给我国国民的发明创造以专利权保护，则我国也给该国国民的发明创造以专利权保护。

（2）签订双边协议。国与国之间可以通过签订双边协议的方式，规定相互给予对方国民的发明创造以专利权保护。我国曾与一些国家签订过这类双边协议，如1992年1月17日中美两国政府签订的《关于保护知识产权的谅解备忘录》；有的则包含在贸易与文化交流协议中，如1979年签订的《中美贸易关系协定》。

（3）缔结或加入相关的国际条约。相比互惠原则和签订双边协议，缔结或加入相关的国际条约效率更高。我国加入的与专利相关的国际条约主要有《保护工业产权巴黎公约》《与贸易有关的知识产权协定》（TRIPS）和《专利合作条约》（PCT）等。我国目前正在积极推进加入《工业品外观设计国际注册海牙协定》的相关工作。

1970年之前，专利权人要想在数国获得专利保护，必须向每个国家逐一提出专利申请并获得授权，程序和手续都十分烦琐。为解决这一问题，美、英、法、德、日等国于1970年6月19日签订了《专利合作条约》（PCT）。通过PCT途径，申请人只需提交一份国际专利申请（而不是分别向多个国家或地区逐一提交专利申请），即可请求各PCT缔约方（截至2020年有153个缔约方）同时对其发明创造进行专利保护。PCT的申请阶段主要由世界知识产权组织（WIPO）负责，专利权的授予仍由各个国家或地区专利局负责。PCT的宗旨是通过简化国际专利申请的手续、程序，强化对发明的法律保护，促进国际科技进步和经济发展。2020年，世界各地的发明人通过WIPO提交了27.59万件PCT国际专利申请，其中来自中国的申请达到68720件，居世界第一位。

专利文献的价值

我们知道，**"公开发明创造以换取保护"** 是专利制度的核心，申请人申请专利时都必须公开其发明创造的细节。因此，绝大多数前人的发明创造方法和思路都详细地记录在各国的专利文献中。专利文献作为发明创造成果的载体，蕴含着丰富的技术、法律和商业信息，可谓是开展发明创造的"巨人的肩膀"。有效利用专利文献信息，是做好科学研究和产品研发的关键一步。

据WIPO统计，截至2019年年底，全球有效发明专利为1490万余件；全球专利文献总数超过1.47亿件。很多国家的专利局都建设了专利文献数据库供公众检索。人们通过检索专利文献，可以快速了解某项发明创造的技术原理和运用情况，能够在了解原有发明优缺点的基础上，产生新的灵感，进而使发明的方向更明确，起点更高。作为学生，掌握一些利用专利文献的基本技能必不可少，也许，明天那个了不起的发明家和专利权人就是你。

分析思考

查找你感兴趣的专利文献

你对什么东西感兴趣？或许这里会有它的专利哦！试着来查查看吧！

步骤：

（1）登录国家知识产权局网站（http://www.cnipa.gov.cn）；

（2）在"服务"栏目的"专利"选项卡中打开"专利检索及分析系统"窗口；

（3）根据你的需要，利用不同的检索入口，检索所需信息。

请输入发明创造名称关键字：

找找看

例如：无人机、智能音箱、智能手表、护眼台灯……

请输入发明人的名字：

　　　　　　　　　找 找 看

例如：王二、赵五……

请输入你知道的专利申请号：

　　　　　　　　　找 找 看

例如：201410188688.0、201210579152.2……

资料卡：世界上主要国际组织和专利局
　　　　　专利文献检索资源平台

（1）中国国家知识产权局专利检索及分析系统：
　　　http://pss-system.cnipa.gov.cn/

（2）WIPO "PATENTSCOPE" 专利检索系统：
　　　http://patentscope.wipo.int/

（3）欧洲专利局 "Espacenet" 专利检索系统：
　　　https://worldwide.espacenet.com/

（4）美国专利商标局专利检索系统：
　　　https://www.uspto.gov/patents/search

（5）日本特许厅 "J-PlatPat" 专利检索系统：
　　　https://www.j-platpat.inpit.go.jp/

（6）韩国知识产权局 "KIPRIS" 专利检索系统：
　　　http://eng.kipris.or.kr/enghome/main.jsp

第二课
专利申请与授权

一项发明创造完成后,并不能自动取得专利法保护,还需要申请人把自己的发明创造形成申请文件并向国家知识产权局专利局提出申请,获得授权后,才能成为真正的专利。

谁可以申请专利

谁有资格申请专利呢?是不是只能由发明人来申请专利呢?下面,我们来了解两个概念:"发明人"和"申请人"。

发明人,即完成发明创造的人,是专利这种无形财产的实际创造者。专利法意义上的发明人要满足以下两个条件:第一,发明人必须是直接参加发明创造活动的人,在发明创造过程中只负责组织管理工作,或者仅仅为有关物质技术条件的获得和利用提供了方便的人不是发明人;第二,发明人必须是对发明创造的实质性特点有创造性贡献的人,仅仅提出了发明所要解决的问题,而未对如何解决该问题提出具体意见的人,或者仅仅提出一般性意见的人,或者单纯从事辅助性工作(如打字、制图等)的人均不是发明人。总之,只有在发明创造完成过程中,对发明创造的构思以及构思具体化

提出了创造性见解的人才能被称作发明人。

申请人，是指就一项发明创造向国家知识产权局提出专利申请的人。通常，发明人有权对其完成的发明创造申请专利，因此，很多情况下发明人与申请人是同一人。但是，现实中也确实存在着发明人与申请人不一致的情况。

在一个单位工作或者学习时，个人完成的发明创造是属于单位，还是属于发明创造者本人呢？我国《专利法》规定，执行本单位的任务或者主要是利用本单位的物质技术条件所完成的发明创造被称为**"职务发明创造"**，如果没有约定，申请专利的权利属于该单位，专利申请被批准后，该单位为专利权人。除"职务发明创造"以外的"非职务发明创造"，申请专利的权利以及获得的专利权，属于发明人本人。

事例分享 2-4

你知道吗？爱因斯坦还发明过冰箱

说起爱因斯坦，人们总会联想到相对论、质能方程、光电效应等令人惊叹的学术名词。可是很少有人知道，爱因斯坦除了是一位在科学理论方面富有创造性的天才外，还对发明技术装置饶有兴趣。1927年，爱因斯坦和朋友利奥·西拉德共同申请了一项冰箱专利，并于1930年获得专利授权。事情的缘起，是他们在报纸上读到一条消息，说柏林有一家人，因新买的冰箱冷却剂泄漏，某天夜里全部被毒死。两人很受触动，就想设计一种更安全的冰箱。他们的方案是，用一种金属微粒的悬浮液来代替以往冰箱中用的有毒的冷却剂，用一个磁泵来驱动。随后的几年时间里，他俩一共申请了多项与冰箱或磁泵有关的专利。但由于当时的技术有限，他们研制的冰箱未能获得大批量投产。多年后，利奥·西拉德又进一步改进了其冰箱原型中的磁泵，创造出散热泵用于核反应堆降温。

如何申请专利

发明专利、实用新型专利申请文件包括专利申请请求书、说明书、权利要求书等。其中，说明书应当对发明创造作出清楚、完整的说明，详细到该领域的技术人员能够实现；权利要求书以说明书为依据，清楚、简要地限定要求专利保护的范围。发明或者实用新型专利权的保护范围以其权利要求的内容为准，说明书及附图可以用于解释权利要求的内容。

外观设计专利申请文件则包括专利申请请求书、外观设计图片或者照片、外观设计的简要说明等。其中，图片或者照片应当清楚地显示要求专利保护的产品的外观设计。外观设计专利权的保护范围以表示在图片或者照片中的该产品的外观设计为准，简要说明可以用于解释图片或者照片所表示的该产品的外观设计。

三种专利申请须提交的主要申请文件

申请文件	发明专利	实用新型专利	外观设计专利
专利申请请求书	√	√	√
权利要求书	√	√	×
说明书	√	√	×
外观设计图片或者照片	×	×	√
外观设计的简要说明	×	×	√

一件专利申请文件的质量高低直接关系到专利权的保护范围的大小。只有好的发明创造加上高水平的专利申请文件撰写，才能形成一件创新水平高、保护范围合理的高价值专利。

申请专利的过程比较复杂，通常需要经历检索分析全球相关现有技术、

形成专利布局策略、撰写申请文件、答复国家知识产权局提出的审查意见并修改申请文件等步骤，同时还需要进行费用缴纳、在期限内办理各种法律手续等。这些工作通常由专业的专利代理机构承担，良好的专利代理服务能够将技术转化为稳定的专利权，促进创新的适当保护，避免新技术未能获得充分专利保护的情况发生。

权利要求书示例

专利申请人如果没有申请专利的经验，最好寻求专业专利代理师的帮助。正规专利代理机构是经过国家知识产权局行政许可的，可以在国家知识产权局网站上获取相关信息（http://dlgl.cnipa.gov.cn/）。

授予专利权的条件

提出专利申请以后，是不是所有的发明创造都可以获得专利权？授予专利权的发明创造应当具备哪些条件呢？并不是每件发明创造都可以被授予专利权，还要看发明创造是否符合专利法所规定的可授予专利权的条件，符合条件的才能获得专利权。

当一项新的专利申请被提交到国家知识产权局专利局后，专利审查员主要从以下几个方面进行专利审查。

（1）发明创造是否属于授予专利权的情形。

根据我国《专利法》规定，常见的不符合发明定义的例子包括：游戏（属于智力活动的规则和方法）、艺术作品（非技术方案）、单纯发现的新事物（非技术方案）等，这些例子均不得申请专利。

资料卡：不授予专利权的六种情形

考虑到国家和社会的利益，《专利法》对专利保护的范围作了某些限制性规定，一是规定对违反国家法律、社会公德或者妨害公共利益的发明创造不授予专利权；二是规定不授予专利权的以下六种具体情形。

（1）科学发现，如发现一颗小行星或发现万有引力定律；

（2）智力活动的规则和方法，如围棋的一种新的玩法；

（3）疾病的诊断和治疗方法，如中医的把脉；

（4）对于动物和植物品种，不给予专利保护，植物新品种有专门的制度保护；

（5）原子核变换方法以及用原子核变换方法获得的物质；

（6）对平面印刷品的图案、色彩或者二者的结合作出的主要起标识作用的设计。

科学发现

游戏规则

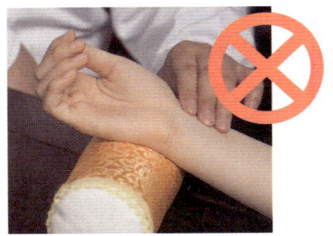

疾病诊断方法

植物新品种

全国中小学知识产权教育示范读本（试用本）

第二单元
发明创造与专利

（2）发明创造的技术方案是否能够制造或者使用，能否产生积极效果。

这就是专利法意义上的"**实用性**"条件。简单地说，技术方案必须能在产业上应用，即技术方案可以用科学方法重现，同时符合自然规律。例如，违背能量守恒定律的永动机必然是不具备实用性的。

在地球和月亮之间
建一座桥

明显不可能的发明

对于喝热饮料有困难的人，
专用的喝热茶方法

只能私人使用，不可能投入市场的发明

不具备实用性的情形

（3）发明创造是否是新的。

专利法意义上的"**新颖性**"，主要指的是没有同样的发明或者实用新型在国内外出版物上公开发表过、公开使用过或者以其他方式为公众所知。可以说，"新颖性"意味着前人还没有创造出来。专利审查员需要在全世界公开的文献中，看看是否有与专利申请文件内容相同或相类似的内容，据此判断该项发明是否具有新颖性。

电视上的节目

专利申请前为公众所知的发明

商店内出售的产品

专利申请前已公开使用的发明

不具备新颖性的情形

在科学杂志上发表的发明　　　在互联网上发表的发明

在出版物或互联网上发表的发明

不具备新颖性的情形

 **分析思考**

很多同学因为不懂专利法，将自己的发明创造先以论文的形式公开发表或在创新大赛赛场上公开展示（如以海报形式展示），从而导致自己的发明创造丧失了新颖性，不能申请专利。请你想一想，如何避免这种情况出现？

（4）发明创造的创新程度是否足够高。

专利法用"创造性"来说明创新程度，即同现有技术相比，该发明具有突出的实质性特点和显著的进步，该实用新型具有实质性特点和进步。对发明来说，该发明的技术特征与现有技术相比要有本质上的区别，不是这个领域的一般技术人员能随意想到的。比如，电视遥控器就是一项具有开创意义的发明。

事例分享 2-5

电视遥控器的发明

电视遥控器发明人尤金·波利出生于芝加哥，曾长期在Zenith工作。他一生获18项专利，多在电视机领域。

尤金·波利于1955年发明了首个名为"闪光自动化装置"（Flash-Matic）的无线遥控器。该遥控器利用一个类似闪光灯的装置，通过激活电视机内的光电管更换频道。

当时的遥控装置还较为笨拙：闪光灯必须对准某一方向才能进行操控；遥控器功能也很有限，仅可开关电视画面和调节声音，通过顺时针或逆时针转动调谐器来换台。另外，由于该遥控器通过闪光来控制，电视有可能受其他光源影响。

尽管如此，遥控器的发明依然具有开创意义。人们幽默地称呼尤金·波利为"沙发土豆创始人"和"跳台沙皇"，甚至"频道冲浪的沙滩男孩"。

在那个年代，广告是这样描述该发明的："从房间另一边射来一束神奇的光，可开关电视和换台，而你只需舒舒服服地坐在椅子上。"评论称，无线遥控器给予所有电视机前的观众全新的体验：观众不用再因为懒惰而忍受无聊的电视节目，还可以通过轻松换台避开插播的商业广告。

（5）外观设计的主要授权条件。

与发明和实用新型类似，**被授予专利权的外观设计应具有"新颖性"和"创造性"**。所谓"新颖性"，是指外观设计应当不属于现有设计，也没有任何单位或者个人就同样的外观设计在申请日以前提出过申请；所谓"创造性"，是指该外观设计与现有设计或者现有设计特征的组合相比，具有明显区别。同时，被授予专利权的外观设计必须富有"美感"。"美感"，是指该外观设计从视觉感知上带给人的愉悦感受，而与产品功能是否先进没有必然联系。富有美感的外观设计在扩大产品销路方面具有重要作用。

第三课
专利权的保护

专利申请获得授权之后，申请人就获得了相应的专利权。我国实行严格的专利保护，专利权人可以采取司法保护或者行政保护途径维护自己的权益。

专利权的内容

在我国，专利申请被授予专利权后，专利权人就享有了专利权。专利权主要包括独占权、实施许可权、转让权三种权利。

独占权，也叫排他权，即任何单位或个人未经专利权人许可，都不得实施其专利，即不得以生产经营为目的，制造、使用或销售其专利产品和方法。专利权人可依照自己的意愿独自利用自己的发明创造，并在专利产品或产品包装上标明专利标记和专利号。

实施许可权，是指专利权人可以通过订立专利许可合同的方式，许可他人实施其专利，并收取专利使用费的权利。被许可方无权允许合同规定以外的任何单位或个人实施该专利。

转让权，是指专利权人通过转让合同将自己的专利权转让给他人，并获得一定专利转让费的权利。专利权转让后，原专利权人的专利权消灭，受让人成为新的专利权人。

事例分享 2-6

1999年,朗科公司的创始人邓国顺和成晓华共同研发出全球第一款USB闪存盘(简称U盘)。朗科公司在成立之初,就为U盘申请了专利,并在美国、日本、欧洲等国家和地区布局了专利。2002年,朗科公司"用于数据处理系统的快闪电子式外存储方法及其装置"(专利号:ZL99117225.6)获得国家知识产权局正式授权,该专利填补了中国计算机存储领域20年来发明专利的空白,对闪存应用领域的技术创新具有深远影响。随着U盘在全球的普遍使用,这件专利自2006年至2019年,已经帮助朗科公司收到了近3亿元的专利许可费。

专利权的保护范围

在我国,**发明或者实用新型专利权的保护范围**以专利授权公告时权利要求的内容为准,说明书及附图可以用于解释权利要求的内容,并被保护。

事例分享 2-7

迈克尔·杰克逊招牌动作"前倾45°"背后的专利

著名歌手迈克尔·杰克逊在歌曲《犯罪高手》(Smooth Criminal)的录影带和随后的演唱会中有一段著名的45°倾斜舞步表演。穿着特制鞋的迈克尔·杰克逊双脚着地,身体慢慢向前倾斜约45°，接着渐渐收回身体，整个过程犹如无视地心引力，充满魔幻色彩。这也成了他的招牌动作之一。那么，这个动作是怎样做出来的呢？

原来这个秘密就在迈克尔·杰克逊穿的鞋子和舞台的地板上。迈克尔·杰克逊和伴舞的演员穿的都是特制的皮鞋，这些皮鞋的鞋跟里都有一个三角形的切口。当表演这个倾斜动作的时间来临之际，舞台地板上会伸出一个类似于蘑菇形的金属桩卡住鞋跟上的切口。迈克尔·杰克逊因此能将双脚牢牢固定，然后身体往前倾斜，靠腰力支撑，从而完成身体前倾45°的动作。

迈克尔·杰克逊在1993年就这个45°前倾的发明创造获得了专利授权（专利号US5255452A，专利名称"摆脱地心引力的幻想"）。该专利的权利要求详细描述了"一种用于使鞋子与挂钩接合的系统"这一装置的结构，包括了具有第一接合装置（凹槽）的鞋跟，与第一接合装置可拆卸地接合的第二接合装置（挂钩构件），以及各部件之间的接合关系，形成了合理的保护范围。

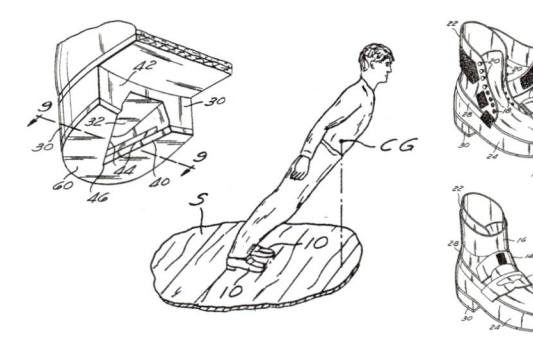

45°前倾专利说明书附图

 **分析思考**

如果我有一项发明专利，该专利权的保护范围有多大呢？

外观设计专利权的保护范围以表示在图片或者照片中的该产品的外观设计为准,简要说明可以用于解释图片或者照片所表示的该产品的外观设计。

事例分享 2-8

郭春浪2014年为其设计的剪刀申请了外观设计专利,申请号为201430023426,该外观设计的要点在于剪刀的形状设计,最能表明设计要点的图片如下。因此,该专利权的保护范围就是图片中表示的外观设计。

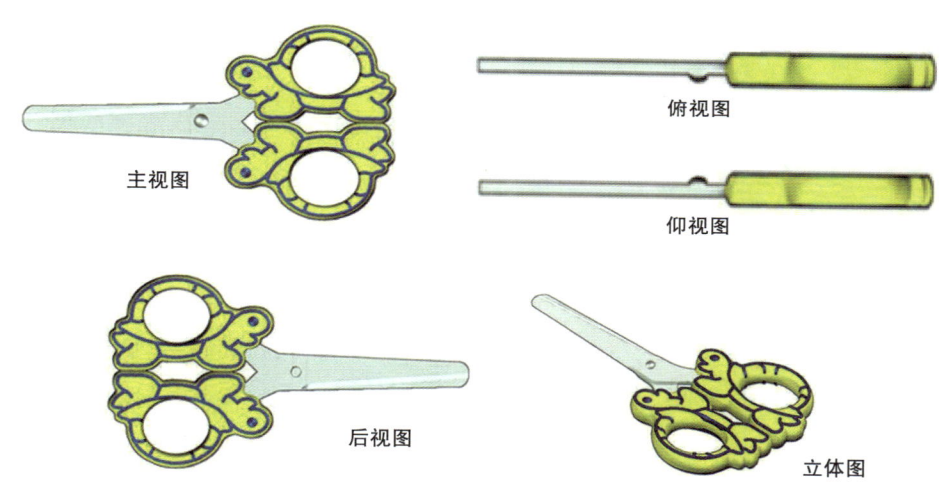

剪刀外观设计专利的图片

侵犯专利权的法律责任

为制止侵权行为,《专利法》规定权利人可以通过行政或司法途径请求保护,维护自身的合法权益。**行政途径,**是指请求政府有关主管部门帮助制止侵权。**司法途径,**是指请求法院判定侵权人停止侵权并赔偿权利人因侵权人的侵权行为受到的损失。像有形财产一样,为保护好自己的无形财产,专利权人需要积极关注市场情况,防止他人侵权,及时发现和举报侵权行为。作为学生，我们要从小培养自己尊重他人专利权的意识，不管有无监督，都要从自己做起，对侵权行为坚决说"不"！

根据《专利法》及相关法律法规的规定，专利侵权行为的法律责任包括行政责任、民事责任与刑事责任。

（1）行政责任。

对专利侵权行为，管理专利工作的部门有权责令侵权行为人停止侵权行为、责令改正等，管理专利工作的部门应当事人的请求，还可以就侵犯专利权的赔偿数额进行调解。

（2）民事责任。

停止侵权，是指专利侵权行为人应当根据管理专利工作的部门的处理决定或者人民法院的裁判，立即停止其正在实施的专利侵权行为。

赔偿损失，侵犯专利权的赔偿数额，按照专利权人因被侵权所受到的损失或者侵权人因侵权获得的利益确定；被侵权人所受到的损失或侵权人获得的利益难以确定的，可以参照该专利许可使用费的倍数合理确定。对故意侵犯专利权，情节严重的，可以在按照上述方法确定数额的一倍以上五倍以下确定赔偿数额。

消除影响，当侵权行为给专利产品在市场上的商誉造成损害时，侵权行为人应当采用适当方式承担消除影响的法律责任，承认自己的侵权行为，以消除其侵权行为对专利产品造成的不良影响。

（3）刑事责任。

依照专利法和刑法的规定，假冒他人专利，情节严重的，应对直接责任人员追究刑事责任。

事例分享 2-9

戴森公司是专利号为ZL200830269400.8、名称为"风扇"外观设计专利的专利权人,该专利的申请日为2008年11月24日,授权公告日为2009年10月7日。该外观设计的简要说明为:本外观设计产品为用于产生空气流的无叶片风扇。

戴森公司认为汇天公司生产并销售的"无叶片风扇"产品侵犯其涉案专利权,遂诉至法院。汇天公司认为,从按钮上看,两者的风扇截然不同,并且进风口的位置也大不一样。戴森公司认为,从整体上看,其生产的无叶片风扇是显著区别于市面上现有其他风扇的,没有叶片就是特征。汇天公司抄袭了这一特点,并且外观基本一致,应属侵权。法院经审理认为,外观设计专利考虑的是整体效果,应排除功能设计,并且对一般消费者而言,两家公司的风扇整体没有差异,只是细节有些不同,最终认定汇天公司侵权,判决汇天公司立即停止生产、销售无叶片风扇,并赔偿戴森公司经济损失8万元。

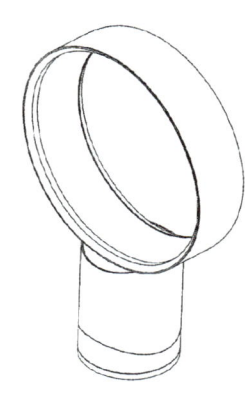

戴森公司专利立体图

在类似戴森公司和汇天公司的外观设计专利侵权纠纷中,若产品与已申请外观设计专利的产品属同类或相类似产品,且在整体视觉效果上存在相同或相似,则该产品落入外观设计专利的权利保护范围,构成了对该外观设计专利的侵权。

问题讨论

请你收集一些专利侵权的案例,和同学们一起分析案例中专利权人的哪些权利受到了侵犯。

第三单元

商品、服务与商标

第一课
商标的基础知识

我们购买图书、玩具或日用品时,通常会考虑哪些因素呢?生活实践中,我们需要某类商品或服务时,往往会倾向于某种牌子、外形或品质。从这些特征入手,能够很快找到自己心仪的商品或服务。商家为了吸引和留住消费者,也会特别重视自己的标识和品牌形象。

有形商品和无形服务都需要通过货币进行交换才能获得。我们日常购买的文具、服装、食物等都属于商品,同学们在课外时间参加的兴趣班、夏令营、俱乐部等都属于服务,这两类产品都是我们购买的对象,也是企业销售的内容。

当我们走进商店,看到一件商品,首先了解的就是商品外包装和上面形形色色的标识。通过这些标识,我们可以了解很多有用的信息,比如这个商品的牌子、产地、品质、生产者和生产日期等。

问题讨论

本地特色的美食、景点是通过哪些特色信息让人们印象深刻的?

商品或服务的提供者用以标明自己商品或服务的来源、品质、生产或服务主体、特征的商用符号就是**商业标识**。具体来说,商业标识包括商标、商号、域名、商品特有名称、商业外观、广告语、产地标志等。我们

第三单元
商品、服务与商标

正是通过这些商业标识组合来辨识产品或服务的。

商标的概念和历史

商标是商业标识的重要内容，也就是我们常说的"牌子"。每一种商品或服务都会有自己专属的"标签"，让我们可以很容易地找到它，并依据它认牌购物。

商标， 是指商品的生产者、经营者或者服务的提供者为了标明自己和区别他人而在自己的商品或者服务上使用的具有显著性的符号。标示和区别商品或服务是商标的重要作用之一，从这个意义上来说，古人很早就有"商标"的意识了。

事例分享 3-1

中国最早的商标——"济南刘家功夫针铺"铜版

在中国国家博物馆里保存着一块我国宋代的广告印刷铜版，上面刻有"济南刘家功夫针铺"的字样，被业内一致认为

中国最早的商标——宋代"济南刘家功夫针铺"的"白兔儿"标记铜版

是我国最早的商标。随着宋代私营工商业的发展，商业竞争日趋激烈，不少店铺为了推销自家产品，除了装潢店面外，还定制了带有店铺标记的印刷铜版用来印刷广告。图左侧铜版就是用来印刷广告的。该铜版长12.4厘米、宽13.2厘米，铜版上方标明店铺字号"济南刘家功夫针铺"，正中为店铺标记——白兔捣药图案，于图案左右标注"认门前白兔儿为记"，下方则刻有说明商品质地和销售办法的广告文字："收买上等钢条，造功夫细针。不误宅院使用，转卖兴贩，别有加饶，请记白。"铜版图文并茂，文字简练。从整体看来，白兔捣药的图案相当于店铺的标志，广告化的文字宣传突出了产品的原材料、质量、销售方式和营销手段等。根据当时的社会背景，针的使用者以不识字的女性居多，图形比文字更易辨识。这样的商标设计能起到广告宣传的作用，可以说是我国古代相对完整的平面广告作品。

 **问题讨论**

参考以上资料，说一说文字标识和图形标识的作用。

商标的分类

常见的商标分类，包括以构成要素区分、以商标的使用对象区分、以商标的功能区分等几种分类方法。

以构成要素区分， 商标可分为文字商标、图形商标、组合商标等传统商标和立体商标（三维标志）、声音商标、颜色组合商标等非传统商标。近年来还出现了动态商标、味觉商标、触觉商标等诸多新型非传统商标。目前，我国接受注册的商标类型包括传统的平面商标、立体商标、颜色组合商标和声音商标。

文字商标

第三单元
商品、服务与商标

资料卡：《商标法》节选

第8条 任何能够将自然人、法人或者其他组织的商品与他人的商品区别开的标志，包括文字、图形、字母、数字、三维标志、颜色组合和声音等，以及上述要素的组合，均可以作为商标申请注册。

文字商标，是生活中最为常见的商标类型，其便于呼叫的特性使人们可以快速地认识并记住它。

图形商标，其优点在于形象生动，便于记忆，不仅具有识别作用，还可给人以美的享受。特别是图形商标不受语言限制，不论在哪个国家，消费者只需看图即可识牌。

图形商标

分析思考

我们身边常见的商标有哪些类型？请举例说明。

立体商标，是指立体形状的商标，是由三维标志或者含有其他要素的三维标志构成的商标。立体商标可以是商品本身（包括商品某一部分）的形状、商品的包装物或者其他与商品无关的立体形象。

商品本身的形状　　商品包装物　　与商品无关的立体形象
（巧克力）　　　　（酱油）　　　　（米其林轮胎人）

组合商标， 是指用文字、图形、字母、数字、三维标志和颜色组合等其中任何两种或两种以上的要素组合而成的商标。组合商标综合了不同类型商标的不同特点，图文并茂，形象生动，引人注意，易于识别，便于呼叫，能更充分地发挥商标的识别和区分功能。

组合商标

声音商标， 是由用以区别商品或服务来源的声音构成的商标。声音商标可以由音乐性质的声音构成，例如一段乐曲；也可以由非音乐性质的声音构成，例如自然界的声音、人或动物的声音；还可以由兼有音乐性质与非音乐性质的声音构成。我国从2014年5月1日起开始接受声音商标注册，首例注册成功的声音商标是

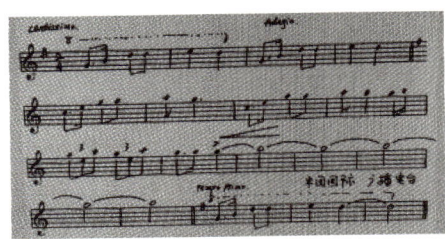

中国国际广播电台广播节目开始曲

原中国国际广播电台申请注册的"中国国际广播电台广播节目开始曲"。此外，2018年10月，北京市高级人民法院终审判决，认定腾讯公司申请的"嘀嘀嘀嘀嘀嘀"声音商标具有显著性，支持QQ提示音注册商标。这也是我国商标法领域经司法判决的首例声音商标案件。

以使用商标的对象是有形的还是无形的来区分， 商标可以分为商品商标和服务商标。

商品商标， 是历史最悠久的商标类型，主要用于区别同类商品的不同生产者。

服务商标， 与商品商标的区别在于使用它的对象提供的不是商品，而是服务。同学们可以根据"ICBC""新东

商品商标

方""中青旅"等标志找到相应的银行、教育服务机构和旅游公司。服务一般都是无形的，表现为人的行为。因此对服务商标而言，无法像标识商品商标那样采取贴附、刻印或编织等方式将商标直接附着在商品上，但可以通过在服务场所的牌匾或招牌、服务人员的服装上使用商标等方式进行标识。中国于1993年正式开始受理服务商标注册申请。

服务商标

以功能来区分，商标可以分为普通商标、集体商标和证明商标。

集体商标，是指以团体、协会或者其他组织名义注册，供该组织成员在商事活动中使用，以表明使用者在该组织中的成员资格的标志。

证明商标，是指由对某种商品或者服务具有监督能力的组织所控制，该组织以外的单位或者个人使用于其商品或者服务，用以证明该商品或者服务的原产地、原料、制造方法、质量或者其他特定品质的标志。食品包装上的"绿色食品"标志就是证明商标。

集体商标　　　　　　　　　　证明商标

集体商标与证明商标的共同点在于二者都是多个商品生产者、经营者或者服务提供者共同使用的商标。不同点包括：第一，集体商标表示商品或者服务来自同一组织；证明商标表示商品或者服务具有某种特定品质。第二，集体商标只供该组织成员使用，该组织以外的人员不得使用，属于封闭的"俱乐部"型；而证明商标则是开放的体系，只要证明商标的注册人以外的其他人提供的商品或者服务符合证明商标使用条件，就可以要求使用该证明商标。第三，集体商标的注册人可以在自己提供的商品或者服务上使用该集体商标；证明商标的注册人不能在自己提供的商品或者服务上使用该证明商标。

商标的价值

商标不仅具有经济价值，还承载着文化价值和创新发展价值。

商标所有人通过商标的创意、设计、申请注册、广告宣传和使用，发挥商标的来源识别功能，使社会公众在心目中逐步建立特定商标与特定商品或服务的固定联系，逐步积累商标的知名度和美誉度，从而实现消费者认牌购物，并激发消费者再次购买的欲望，商标所有人的市场竞争优势会因此越来越大，经济效益也会越来越好。正是因为商标具有帮助商品生产者或服务提供者巩固消费群体的作用，所以说**商标具有经济价值**。商标只有通过使用才能产生经济价值。如果拥有一个好的商标却不去经营它，不去宣传它，不去保护它，那么，它的市场影响力就无法形成；如果只申请注册商标却不踏踏实实地投入使用，那只是商标炒作，投机取巧。神舟飞船升空、奥运夺金热潮，几乎每一个社会热点事件发生后，都会引起一轮商标注册申请的热潮。但是，这种商标热炒行为正当吗？要知道，投机取巧是无法铸就百年老号、世界名牌的。

 问题讨论

有消息称，侯某于2007年在白酒商品上申请注册了"莫言醉"商标。2012年莫言获得诺贝尔文学奖后，该商标的转让价格被热炒至1000万元。你怎么看待这一现象？请查询相关资料，说一说你对商标价值的理解。

商标不仅代表着商品或服务的市场定位,还代表着企业的市场形象和企业文化,具有文化和情感内涵。历史悠久的商标还起着凝聚专业精神、传承行业文化的作用。因此,**商标具有文化价值**。

事例分享3-2

"全聚德"商标的含义

全聚德始创于1864年。最初定名"全聚德",一是创始人杨全仁名字中正好也有一个"全"字;二是"聚德"取聚拢德行之意,表明自己以德经营。全聚德之所以能够成为中华餐饮业发展中最具代表性的企业之一,是因为其不仅恪守"鸭要好、人要能、话要甜"的老生意经,更秉承了周恩来总理诠释的"全而无缺、聚而不散、仁德至上"的核心价值观,确定了"老字号精品化、品牌系列化"的发展战略,用诚信和品质传承和创新中华美食文化。

商标还具有带动创新发展的价值。很多成功的企业虽然不断推出新产品,商标却始终不变,消费者因此会非常信赖,乐于购买。具有公众认可度的商标在新产品推广过程中发挥着重要作用,可以带动企业进入更广阔的天地,其价值及增值功能不可估量。因此,商标有助于促进创新发展和市场竞争,从而有利于提升国家整体的经济实力与综合国力。

资料卡:2010—2020年全球增速最快品牌榜

根据全球领先的第三方企业品牌评估及战略咨询公司Brand Finance的评估榜单,在2010—2020年中,中国品牌的总价值在"Brand Finance全球品牌价值500强"排行榜中的增长速度最快。在2010—2020年全球品牌价值增长最突出的十个品牌中,

2010—2020年全球增速最快品牌前十名

排名	品牌	2020增幅	品牌价值	国家
1	Alibaba.com	+4029%	$18,819M*	中国
2	贵州茅台集团	+3460%	$39,332M	中国
3	网易 NetEase	+2995%	$13,026M	中国
4	Tencent 腾讯	+2310%	$44,091M	中国
5	五粮液	+1634%	$20,872M	中国
6	amazon	+1555%	$220,791M	美国
7	CNOOC	+1465%	$6,430M	中国
8	泸州老窖	+1460%	$5,625M	中国
9	MCC	+1297%	$5,748M	中国
10	洋河股份	+1283%	$7,666M	中国

*"M"表示"百万"。

中国品牌占据了九个。阿里巴巴是中国品牌价值高速增长的代表之一，2020年其品牌价值达到188亿美元，其品牌价值较2010年有了巨大的提升，增幅位列全球第一。

第三单元
商品、服务与商标

第二课
商标注册

商标所有人在设计、注册、宣传、使用、管理和保护自己商标的过程中，付出了大量智力劳动，因此，其有权享有商标使用带来的经济利益和其他利益。商标权是一种无形财产权。商标权有注册取得或使用取得的不同法律制度，我国主要采取商标注册制度。商标获准注册后，商标所有人即享有注册商标专用权。

注册商标和未注册商标

商标所有人向国家知识产权局商标局（以下简称商标局）提出商标注册申请，经商标局审查予以核准使用于特定商品或服务上时，该商标就成为**注册商标**，受法律保护。也有一些商标，已经在市场上使用，但商标所有人并未向商标局提出注册申请，这类商标就是**未注册商标**。

我国实行商标"自愿注册原则"，企业或个人可以自主决定是否对其使用的商标申请注册。虽然未注册商标在一定条件下也可以受到法律保护，但是注册商标可以使商标所有人获得最大程度上的法律保护。首先，注册商标享有专用

注册商标和未注册商标可是有区别的！

权，只有拥有这一商标的企业或个人才可以使用或许可他人使用，任何企业或个人都不得擅自使用他人注册商标。其次，对注册商标的保护还可以阻止诸如假冒者之类的不正当竞争者使用相同或近似的标记来推销低劣或不同产品或服务的行为，从而维护商标所有人的信誉和形象。

使用注册商标，可以在商品、商品包装、说明书或者其他附着物上标明"注册商标"或者注册标记®。

注册商标的特征

商标与我们的日常生活息息相关，是消费者选购商品或服务的重要依据。比如提到"大白兔""徐福记"会想到糖果，提到"比亚迪""大众"会想到汽车，提到"小米""华为"会想到手机。商标是在商品或服务上使用的符号，但并非所有使用在商品或服务上的符号都是商标。只有当这种符号与特定商品或服务来源联系在一起，使得消费者可以识别出特定的商品或服务来源时，我们才叫它商标。这种标示商品或服务来源并使之与其他同类商品或服务相区别的作用，就是**商标的显著性**。此外，注册商标还应具有合法性和在先性。

判断商标是否具有显著性，除了考虑商标标识本身的含义、呼叫效果和外观构成外，还应该考虑该商标使用于哪种商品以及人们的认知习惯等因素。例如，仅由本商品的通用名称、图形构成的商标，或者仅直接表示商品或服务特点的商标，难以使相关公众区分同类商品或服务的来源，因此缺乏显著性。

问题讨论

假如小明家种植的绿色蔬菜要投放市场，需要为之设计一个商标，你希望这个商标包括哪些元素？尝试着设计商标并和同学们分享。

全国中小学知识产权教育示范读本（试用本）

第三单元
商品、服务与商标

分析思考

下列标志可以作为商标注册吗？为什么？

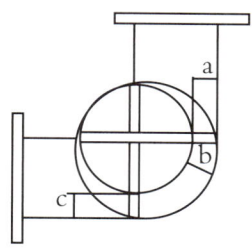

指定使用商品：水泵

指定使用商品：服装

指定使用商品：苹果

名车快修
指定使用商品：
汽车保养和修理

网购
指定使用商品：
计算机软件

注册商标还应具有合法性。合法性即商标的注册和使用不得违反商标法的强制性规定。违反这些规定，商标不仅不能注册，而且不得作为未注册商标使用。不具有合法性的商标主要包括可能破坏社会公共秩序或善良风俗的标志。注册商标还应当基于生产经营的正常需要，不以使用为目的的恶意商标注册申请，也不具有合法性。

事例分享3-3

不具备合法性的商标注册申请被驳回案例

2020年3月3日，商标局对进入实质审查阶段的63件与疫情相关的"火神山""雷神山""钟南山""方舱"等商标注册申请，以易造成社会不良影响为由，适用《商标法》第10条第1款第（8）项，依法作出驳回决定，其中包括27件"火神山"、24件"雷神山"、3件"钟南山"、1件"钟楠山"、3件"方舱"等商标注册申请，涉及41个申请人，23个商品和服务类别。

火神山医院、雷神山医院是武汉抗击新冠肺炎疫情前线医院名称，是疫情防控期间全社会舆论关注焦点，是全国人民团结一心、抗击疫情的重要标志之一。火神山医院和雷神山医院以外的其他申请人将其作为商标注册易造成重大社会不良影响，依法应予驳回。

钟南山是中国工程院院士、著名呼吸病学专家、2003年抗击"非典"先进人物，国家卫生健康委员会高级别专家组组长，也是抗击新冠肺炎疫情的领军人物。他人未经其本人授权将其姓名或者与其姓名非常近似的"钟楠山"作为商标申请注册，易造成重大社会不良影响，依法应予驳回。

新冠肺炎疫情发生后，随着媒体的报道，方舱医院成为社会公众熟知的词汇，"方舱"作为商标申请注册，易造成重大社会不良影响，依法应予驳回。

注册商标还应具有在先性。一方面，申请注册的商标不应与他人在相同或类似商品上的在先商标相同或近似，因为这样容易导致混淆。在先商标包括已经获准注册的商标、已经提出注册申请的商标或者已经通过实际使用形成一定影响的商标。另一方面，申请注册的商标不得损害他人现有的在先权利，如字号权、姓名权、肖像权、著作权等。利用他人享有著作权的作品，如文字、图案等作为商标注册的，应事先取得著作权人的许可。

 问题讨论

看一看，下面这几组商标是否容易导致混淆？

第三单元
商品、服务与商标

事例分享 3-4

损害他人在先权利的商标注册案例

对于我国已故著名漫画家张乐平笔下的三毛形象，大家一定不会感到陌生。这个头上长着三根头发，有着大大的脑袋、圆圆的鼻子以及瘦瘦的身体的小男孩——三毛的漫画形象，可谓妇孺皆知，该形象的著作权归张乐平先生所有。1995年11月至1996年2月，江苏三毛集团在多个商品和服务类别上申请注册了"三毛"商标，并使用了三毛的漫画形象。后来，张乐平先生的家人向法院起诉，法院审理后认定三毛集团未经著作权人的继承人许可，擅自将三毛漫画形象作为商标使用并申请注册的行为构成侵权，判决三毛集团停止在产品、企业形象上使用三毛漫画形象，并赔偿著作权人的继承人经济损失10万元。

"三毛"商标

如何申请注册商标

申请注册的商标须符合《商标法》《商标法实施条例》等我国相关法律法规的规定，并应接受相应的审查。在注册申请的形式方面，申请文件应当齐全，且符合法律规定。在注册申请的内容方面，应具备注册商标的特征，即显著性、合法性、在先性。商标局在收到商标注册申请文件后，将依法进行审查，经审查符合法律规定的，发布初步审定公告，开始三个月的异议期。公告期满没有异议或者有异议但经裁定异议不成立的，予以核准注册，发给《商标注册证》，并发布注册公告。

商标注册证

商标注册申请可以自行办理，也可以委托依法设立的商标代理机构办理；商标注册申请可以直接到商标注册大厅办理，或者通过网上申请系统提交注册申请。2020年，我国商标网上申请比例超过98%。

中国商标网（http://sbj.cnipa.gov.cn/wssq/）

其他商标授权确权程序

从提出商标注册申请到获准注册的过程中，要经历商标局实质审查和他人异议的考验；而商标获准注册后，也并不意味着从此商标注册人就可以高枕无忧了。

如果商标局经审查认为商标注册申请在显著性、合法性或在先性这三个方面存在问题，就会作出驳回决定。如果他人对初步审定的商标在三个月异议期内提出异议，商标局认为异议成立的，就会作出商标不予注册的决定。如果商标注册后连续三年不使用的，商标局就可能作出撤销注册的决定。商标注册人如果对商标局的这三种决定不服，可以申请复审，这三种决定对应的复审程序分别是**驳回复审**、**不予注册复审**和**撤销复审**。对核准注册的商标，如果事后发现并不符合我们前面讲过的商标注册应具备的

第三单元 商品、服务与商标

条件，具有相应资格的单位或者个人就可以请求宣告这个注册商标无效。这个程序就是**无效宣告程序**。

驳回复审、**不予注册复审**、**撤销复审**和**无效宣告程序**是最主要的四种**商标评审程序**，属于重要的商标授权确权程序。商标评审程序解决的是被商标局驳回或者不予核准注册的商标该不该被初步审定或者核准注册，注册后的商标该不该被撤销或者被宣告无效的问题，是对商标能不能获准注册、注册后能不能维持注册进行判断并作出决定的行为，是商标权取得和维护程序中的重要环节。当事人对于商标局在上述商标评审程序中作出的决定不服的，还可以向人民法院提起诉讼。当事人一定不要轻易放弃复审的机会，要把握法律赋予的每一次机会，争取或维护自己的权利。

事例分享 3-5

吉百利巧克力"一杯半牛奶图形"商标获得商标注册

吉百利公司于1993年在巧克力商品上向我国商标局提出"一杯半牛奶图形"商标的注册申请，被商标局驳回。商标局认为这是广告宣传图形，也是外包装装潢图形，而不易被相关消费者识别为商标，因此，缺乏作为商标的显著性。

吉百利公司没有放弃复审的机会，向原商标评审委员会提出驳回复审申请，并提交了大量宣传使用"一杯半牛奶图形"商标的证据。原商标评审委员会经审理认为，"一杯半牛奶图形"并不是食品行业的通用图形，通过吉百利公司在促销、广告等活动中的长期独家使用，已经使消费者在心目中建立起与其特定的联系，因此具有了区分商品来源的识别作用，具备了商标应有的显著性特征。

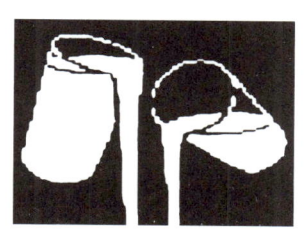

"一杯半牛奶图形"商标

吉百利巧克力

第三课
商标权的保护

保护商标所有人的正当权益，对于维护市场经济秩序、鼓励创新和诚信经营、保护消费者权益都具有重要意义。商标与我们的日常生活息息相关，如果商标权得不到有力的保护，说不定大家的衣食住行中就会有假冒伪劣商品的出现。每个人都应该行动起来，尊重他人的商标权，维护市场公平竞争秩序。

商标权的内容

注册商标的权利人享有的权利主要包括对其注册商标的专有使用权、禁止权、许可使用权和转让权等，其中最重要的是专有使用权和禁止权。商标权作为一种财产权，权利基础来自商标的实际使用，与商标是否注册没有必然关系。但是注册商标比未注册商标享有更多的法律保护，注册商标在转让和许可时也更加方便。注册商标是企业可以留传后世、永续存在的最重要的无形资产之一，具有排他性、地域性和时间性。

注册商标专有使用权，是指商标权人可在核定使用的商品或服务上享有该商标的使用权，并通过使用获得合法利益的权利。这种权利是独占的、排他的，这意味着未经授权，任何单位或个人不得在同一种或类似商品或服务上使用与其注册商标相同或近似的商标。商标权人也可以将自己的注册商标许可他人使用或通过合法程序转让给他人。

问题讨论

随着北京2022年冬奥会和冬残奥会的临近，奥运标志也成为不法者侵权的目标。2016年，某国际收藏品有限公司未经特殊标志持有人许可，与某电信公司围绕"2022年北京—张家口冬奥会"主题合作推出八个企业联名卡项目。这种行为是否侵权？如果侵权，侵犯了什么权利？请分析这种侵权行为的危害。

禁止权，是指对他人在同一种或类似商品或服务上擅自使用与其注册商标相同或近似商标的行为，商标注册人有权予以制止。具体表现为禁止他人非法使用、印制注册商标标识及其他侵权行为。

保护商标权的意义

假冒商标的产品不仅损害被仿冒企业的声誉和利益，还会损害消费者的权益。消费者可能从此对购买类似商品的真伪问题心存芥蒂，产生市场上假货横行的印象，对相关企业的信任度也会大打折扣。因此，侵犯商标权的行为不仅损害了公平竞争的市场秩序，同时也对以诚信为基础的消费环境产生了负面影响。我们应该尽量避免购买侵犯商标权的商品和假冒伪劣商品，维护自身合法权益，压缩不良商家的利润空间。

任何企业的产品创新、技术创新、商业模式创新等，最终都会体现为以自己独有的商标品牌进入市场，参与竞争。因此，要树立保护知识产权就是保护创新的理念。如果侵犯商标权、假冒注册商标的种种行为不能被有效制止或得到惩罚，就会打击企业投入人力、物力进行创新的积极性，最终伤害的不仅是企业的热情、市场的秩序，还会损害国家整体的创新能力和综合国力。因此，加强对商标品牌的保护，就是鼓励和保护企业创新发展，尊重和保护社会创造力和发展活力。

企业是社会经济的细胞。企业兴旺，整体社会经济就会繁荣；企业衰落，整体社会经济就会下滑，这是市场经济不可抗拒的规律。如果商标专用权得不到有力保护，侵权行为泛滥，假冒商品横行，社会公平和市场秩序就会受到挑战。守法经营者的利益不能得到保证，经济社会持续健康发展就会受到阻碍。企业创新成果被侵占，损耗的不仅是企业发展的动力，更是国家经济社会发展的动力。因此，每一位公民都应该学习和了解商标保护的知识，为国家的富强和创新发展作出自己的贡献。

商标专用权保护

我国商标法规定，经商标局核准注册的商标为注册商标；商标注册人享有 **商标专用权**，受法律保护。我国相关法律规定，假冒商标、销售侵犯注册商标专用权的商品、伪造他人注册商标标识或者销售伪造的注册商标标识、帮助他人实施侵犯商标专用权行为等，都属于侵犯注册商标专用权的行为。

问题讨论

观察下列图片，你能发现下列商品或服务中的商标侵权现象吗？你觉得购买这样的商品或服务会带来哪些影响？请从个人、社会、国家的角度分析，并和同学们交流。

康帅傅

KFG

旺子牛奶

按照我国商标法规定，我国商标专用权保护实行行政执法和司法保护并行的 **双轨制**，发生商标侵权纠纷时，双方当事人可以先自行协商解决，不愿协商或者协商不成的，商标注册人或者利害关系人可以向人民法院提起诉讼，也可以请求市场监督管理部门处理。此外，任何人都可以就侵犯注册商标专用权的行为向市场监督管理部门投诉或者举报。行政执法和司法保护双轨制并行，可以灵活、及时、有效地保护商标权人的合法权益。

（1）行政执法保护。

行政执法保护具有方便、快捷、高效的特点，行政执法的好处还在于商标法赋予了市场监管部门主动依职权查处侵权行为的权力，有利于维护市场秩序。对于涉嫌构成犯罪的商标侵权案件，市场监管部门会将该案件移送司法机关处理。

（2）司法保护。

商标侵权案件以民事案件为主。当商标侵权行为发生后，被侵权人也可以直接向人民法院起诉侵权人。人民法院可以判决侵权人停止损害、赔偿损失，赔偿数额依据权利人因侵权受到的损失、侵权人因侵权获得的利益或者参照注册商标使用许可费确定。人民法院还可以应权利人请求，责令销毁假冒注册商标的商品，责令销毁主要用于制造假冒注册商标的商品的材料、工具。

为加大打击商标侵权行为的力度，《商标法》引入了惩罚性赔偿制度，对恶意侵犯商标专用权、情节严重的，可以在按照上述方法确定数额的一倍以上五倍以下确定赔偿数额；依据上述方法难以确定赔偿数额的情况下，人民法院可以根据侵权行为的情节判决给予500万元以下的赔偿。

事例分享 3-6

北京庆丰包子铺商标被侵权案

北京庆丰包子铺在餐馆服务上注册有"慶豐"商标，而山东庆丰餐饮公司不可能不知晓北京庆丰包子铺的商标及其字号的知名度，却使用"庆丰"字号成立餐饮公司，并摹仿北京庆丰包子铺商标，在其官方网站、店面门头、菜单、广告宣传上突出使用。北京庆丰包子铺认为山东庆丰餐饮公司的行为容易造成相关公众的混淆和误认，构成商标侵权，因此，向山东省济南市中级人民法院提起诉讼。

北京庆丰包子铺商标

经过山东省济南市中级人民法院一审、山东省高级人民法院二审，直至最高人民法院再审，判决山东庆丰餐饮公司停止使用"庆丰"标识侵害北京庆丰包子铺注册商标专用权的行为，停止在其企业名称中使用"庆丰"字号的不正当竞争行为，并赔偿北京庆丰包子铺经济损失及合理费用5万元。

侵犯商标权，情节严重，涉嫌犯罪的，还会被依法追究刑事责任。我国《刑法》在侵犯知识产权罪一节，规定了三种在侵犯商标权方面的犯罪，具体是：假冒注册商标罪，销售假冒注册商标的商品罪和非法制造、销售非法制造的注册商标标识罪。

2021年3月1日开始施行的《刑法修正案（十一）》，对商标侵权犯罪情节特别严重的，将刑期上限从原来的七年增加至十年，进一步加大了惩治力度。

第四单元

作品与著作权

第一课
作品与作者

在人类发展的历史长河中，人们通过智力劳动创作了无数文学、艺术和科学作品。我们阅读的小说、诗歌、散文是文学作品，欣赏的电影、音乐、绘画、雕塑等是艺术作品，使用的地图、工程设计图、产品设计图、计算机软件等是科学作品。那么，到底什么是法律意义上的作品呢？

从著作权法角度讲，**"作品"，是指具有独创性并能以一定形式表现的智力成果**。所谓"独创性"，是指作品是作者运用自己的智力劳动创作出来的，而不是抄袭来的；"能以一定形式表现"，是指作品必须借助某种形式能够让人们看到、听到或触摸到，各种思想或想法要通过"表达"才能成为作品，脑海里的构思不是作品；所谓"智力成果"，是指作品是作者运用智力劳动创造的，不附加任何智力劳动的产物不属于作品。

作品的种类

在专利、商标和著作权这三种最主要的知识产权中，著作权更贴近我们的日常生活。同学们不从事生产经营，没有必要申请商标注册；也不是每个人都能够作出发明创造并申请专利。但是，我们的大脑每天都在对客观世界作出反应，产生丰富的感受和各种想法，当我们把这些感受和想法用某种形式表达出来时，就产生了受著作权法保护的作品。

作品的类型极为丰富多彩，根据载体形式的不同，作品可以分为：（1）文字作品；（2）口述作品；（3）音乐、戏剧、曲艺、舞蹈、杂技艺

第四单元 作品与著作权

术作品；（4）美术、建筑作品；（5）摄影作品；（6）视听作品；（7）工程设计图、产品设计图、地图、示意图等图形作品和模型作品；（8）计算机软件；（9）符合作品特征的其他智力成果。

上述这些作品的概念大多比较容易理解，比如文字作品指的是用文字形式表现的作品，如小说、诗词、散文等；口述作品指的是用口头语言形式表现的作品，如即兴的演说、授课、法庭辩论等；视听作品则是指通过机械装置能直接为人的视觉和听觉所感知的作品，如电影、电视剧等。

需要注意的是，这里的"美术作品"和"图形作品"是两个不同的概念。例如，美术作品中的国画、油画等属于艺术作品，不同的画家有不同的艺术风格；而图形作品中的工程设计图、产品设计图、地图等则属于科学作

文字作品

美术作品

戏剧作品

品，通常是客观世界的真实反映，这类作品的创作空间受到很大限制。

不过，科学作品在具体表达上依然存在独创性。如地图虽然是对城市与村庄、河流与山脉等地理信息的客观表达，但地图制作者在地理元素的取舍、地理符号和符号色彩的选择等方面，依然存在创作的空间。同学们可以打开百度地图、高德地图、腾讯地图、360地图等电子地图，看看在不同的地图上，自己的学校在具体表达方式上有哪些差异。

著作权法保护的是人类的智力成果，但并不是所有的智力成果都受到著作权法的保护。不受著作权法保护的对象主要包括以下三类。

（1）官方文件，包括法律、法规，国家机关的决议、决定、命令和法院判决等具有立法、行政、司法性质的文件，及其官方正式译文。不给予这些文件著作权法保护，主要是为了保证国家法律、政令的畅通。

（2）单纯的事实消息。此类消息内容简短，表达方式有限，为方便公众及时获得新闻信息，故著作权法不予保护。以"2020年11月15日，中国、日本、韩国、澳大利亚、新西兰和东盟十国共同签署《区域全面经济伙伴关系协定》（RCEP）"为例，这则消息即属于单纯的事实消息。当然，如果有专家针对该协定的签署对区域和世界经济的影响，撰写了长篇分析文章，该文章则不是单纯的事实消息，而是受著作权法保护的作品。

（3）历法、通用数表、通用表格和公式。此类客体也是由于表达方式有限，且为人们普遍使用，故著作权法不予保护。当然，历法并不等于日历。人们根据历法所绘制的挂历、台历、日历，若加入了独创性的内容，则受到著作权法保护。

作品的归属

谁享有作品的著作权呢？大家一定会说："当然是作者！"对一般作品来说，这个答案是正确的；但对一些特殊作品来说，答案就不一定了。

第四单元
作品与著作权

（1）著作权归属于作者。

作者是指运用自己的智慧，通过创造性劳动创作作品的人。在作品产生过程中仅提供咨询意见、物质条件的人并不是作者。一般情况下，作品的著作权归属于作者。如文字作品的作者就是创作该作品的人，在无相反证据的情况下，在作品上署名的人为作者。

问题讨论

2011年，英国摄影师戴维去印度尼西亚的热带丛林拍摄黑冠猕猴的照片。在一次偶然的机会下，一只黑冠猕猴按下了相机快门，拍摄了"自拍照"。你认为按下快门的那只猕猴可以成为该照片的作者吗？它是否享有该照片的著作权？

黑冠猕猴"自拍照"

作品可以由一个人单独创作完成，也可以由两人以上共同创作完成。例如两名作家共同去体验生活，一起讨论构思，合作创作一部小说。**合作作品的著作权由合作作者共同享有。**合作作品可以分割使用的，作者对各自创作的部分可以单独享有著作权，但行使著作权时不得侵犯合作作品整体的著作权。

事例分享 4-1

《五环之歌》不构成侵权

经典歌曲《牡丹之歌》创作于1980年，由乔羽作词，唐诃、吕远作曲。众得公司从词作者乔羽处获得了该歌曲的授权。而相声演员岳云鹏创作了《五环之歌》，并进行商业演出，电影《煎饼侠》还将其作为背景音乐和宣传MV使用。众得公司认为前述

行为侵犯了《牡丹之歌》的著作权，于是向法院提起诉讼。

牡丹之歌
啊 牡丹
百花丛中最鲜艳
啊 牡丹
众香国里最壮观
……

五环之歌
啊 五环
你比四环多一环
啊 五环
你比六环少一环
……

法院认为，《牡丹之歌》是乔羽与唐诃、吕远共同创作的合作作品，其著作权由三人共同享有。众得公司仅从词作者乔羽处获得相应授权，未获得曲作者的授权，故其不能就该歌曲包括词曲的整体内容主张权利。《五环之歌》与《牡丹之歌》的歌词内容既不相同也不相似，前者未使用后者歌词部分具有独创性的基本表达，两者表达的思想主题、表达方式亦不相同。据此，法院认定本案被告并不构成侵权。

受著作权法保护的作品，还可以是对他人作品的"再创作"。例如，把中国水墨画改成西方油画，将中文小说翻译为英文小说，对不易理解的古诗词加以注释。这种对他人作品进行再创作所形成的作品，被称为**演绎作品**。演绎作品的产生，凝聚了创作者的智力劳动，故创作者对演绎作品享有著作权。不过，演绎作品毕竟是在原作品的基础上创作而成的，故演绎作品的作者在行使著作权时，不得侵犯原作者的著作权。

（2）著作权全部或部分不归属于作者。

在一些特殊情况下，作品的著作权部分甚至全部不归作者所有。如**受委托创作的作品**，著作权的归属由委托人和受托人通过合同约定；没有约

定的，著作权归受托人享有。

作者的创作可能是为了完成其所在单位的工作任务，这种作品属于**职务作品**。一般职务作品，著作权由作者享有，但作者所在单位有权在业务范围内优先使用。特殊职务作品，作者仅享有署名权，其他权利都由单位享有。特殊职务作品，如工程设计图、产品设计图、地图、示意图、计算机软件等，创作依赖于单位提供的物质技术条件，并且由单位承担责任。此外，广播电台、电视台、报社、期刊社、通讯社的工作人员创作的职务作品，也属于特殊职务作品。

还有一类作品，由单位组织主持，代表单位意志创作，并由单位承担责任，如学校的年度工作报告等。这类作品被称为**法人作品**，单位视为作者，享有法人作品的署名权。在实践中，特殊职务作品和法人作品有时并不容易区分。

视听作品中的电影作品和电视剧作品属于特别的作品类型，其最大的特点是高投入、高风险。拍摄电影或电视剧需要有编剧、导演、摄影、演员、特技、美工、灯光、布景等大量专业人士参与，还需要投入大量资金，如果作品制作低劣，口碑崩塌，高额投资就会血本无归。在电影或电视剧的制作中，提供资金和组织拍摄的制作者承担了最大的风险。考虑到制作者的巨额投资和电影或电视剧的商业运作，我国《著作权法》规定，**电影作品和电视剧作品的著作权由制作者享有**。当然，编剧、导演、摄影、作词、作曲等作者都为电影或电视剧的创作付出了创造性劳动，他们都享有署名权，并有权按照与制作者签订的合同获得报酬。因此，在电影或电视剧片尾的字幕中，往往会列出长长的一串演职人员名单。

第二课
著作权的基本知识

著作权，也称版权，是指文学、艺术、科学作品的作者对自己的作品所享有的专有权利。如作家对自己的小说、画家对自己的画作、摄影师对自己的摄影作品都分别享有著作权。狭义上的著作权仅包括作者对自己作品所享有的权利；广义上的著作权还将出版者、表演者、录音录像制作者、广播电台、电视台等享有的权利（即与著作权有关的权利）也包括在内。

著作权的内容

著作权的内容十分丰富，从性质上可以区分为著作人身权和著作财产权两大类。

（1）著作人身权。

俗话说"文如其人"，针对同一个主题，不同的作家写出来的作品风格并不相同，故作品往往被视为作者人格的一种延伸。例如，同样是写武侠小说，金庸笔法精炼老到，文字朴实厚重；古龙行文诡异森奇，文字飞扬跋扈；梁羽生情节行云流水，文字古朴。**著作人身权**，也称为著作人格权，体现着作者有权采取某些行动保护作者本人与其创作的作品之间的个人联系。著作人身权具体包括以下内容。

发表权，即决定作品是否公之于众的权利，还包括决定以何种形式发表和在何时何地发表的权利。发表权只有一次，作品首次公开后再次进行传播不属于发表。

署名权，即表明作者身份，在作品上署名的权利，也称为"确认作者身份权"。作者还可以选择不署名，署名也可以署笔名、假名、译名等。

修改权，即修改或授权他人修改自己创作的作品的权利。修改是对作品内容作局部的变更以及对文字、用语进行修正，而不是将作品从一种类型改编为另一种类型。

保护作品完整权，是指作者保护其作品的内容、观点、形式等不受歪曲、篡改的权利。

事例分享 4-2

关于《九层妖塔》的纠纷

电影《九层妖塔》系根据张牧野（笔名天下霸唱）所著小说《鬼吹灯之精绝古城》改编而成。张牧野认为该电影对原作进行了众多颠覆性改动，且该电影未给自己署名，侵犯了自己的署名权和保护作品完整权，于是将电影版权方、导演等作为被告，向法院提起著作权侵权诉讼。

一审法院支持了张牧野关于署名权被侵犯的诉讼请求，但判决不构成侵犯保护作品完整权。张牧野不服，提起上诉。

二审法院认为，涉案电影将主要人物胡八一及Shirley杨分别设定为羿王子后裔及具有异能的鬼族后人，并将涉案小说从普通人类摸金校尉利用风水玄学探险的故事，改为具有超能力的英雄后人与鬼族人和怪兽战斗的故事。上述改动是对涉案小说主要人物设定、故事背景等核心表达要素的大幅度改动，对作者在原作品中表达的观点和情

小说中"九层妖塔"的原型地点：
青海省都兰县热水古墓群

感作了本质上的改变，因而构成了对原作品歪曲、篡改。

二审法院最终认定，本案被告侵害了张牧野对涉案小说的保护作品完整权，判令其停止传播涉案电影，向张牧野公开赔礼道歉、消除影响，并赔偿张牧野精神损害抚慰金5万元。

（2）著作财产权。

著作财产权，是指作者通过自己使用或者许可他人使用作品获得经济回报的权利。著作财产权具体包括以下内容。

复制权，即将作品制作成一份或者多份复制件的权利，具体方式可以是印刷、复印、拓印、录音、录像、翻录、翻拍、数字化等。

发行权，指以出售或者赠与方式向公众提供作品的原件或者复制件的权利。例如，作者将自己的文章打印数十份送给亲朋好友也属于"发行"。

出租权，指有偿许可他人临时使用视听作品、计算机软件的原件或者复制件的权利，计算机软件不是出租的主要标的的除外。出租权主要针对的是那些容易通过计算机进行复制的作品，纸质书籍并不在内。

展览权，指公开陈列美术作品、摄影作品的原件或者复制件的权利。展览权对其他类型的作品并没有太大意义，如将一部热门小说逐页打印出来放在美术馆进行展览，基本上不会有读者专门过去观看。

表演权，指公开表演作品，以及用各种手段公开播送作品的表演的权利。这里的公开表演指的是现场表演，如在舞台上表演话剧、演奏乐曲等。

放映权，指通过放映机、幻灯机等技术设备公开再现美术、摄影、视听作品等的权利。

广播权，指以有线或者无线方式公开传播或者转播作品，以及通过扩音器或者其他传送符号、声音、图像的类似工具向公众传播广播的作品的权利，但不包括信息网络传播权。

信息网络传播权，指以有线或者无线方式向公众提供，使公众可以在

其选定的时间和地点获得作品的权利。在信息网络传播权中,公众获得作品的时间和地点可以由自己决定,只要连上互联网,公众随时随地都能观看网上的小说、视频。

摄制权,指以摄制视听作品的方法将作品固定在载体上的权利。

改编权,指改变作品,创作出具有独创性的新作品的权利。例如,将小说改编成剧本、漫画等。

翻译权,指将作品从一种语言文字转换成另一种语言文字的权利。例如,将一本中文小说翻译成英文。

汇编权,指将作品或者作品的片段通过选择或者编排,汇集成新作品的权利。例如,筛选不同诗人的代表诗歌,编排成一本诗集。

著作权的取得和保护期限

(1)著作权的取得。

与绝大多数国家和地区类似,我国著作权法采用自动保护原则。**著作权自作品创作完成之日起产生**。作品一经产生,即享有著作权,既不要求登记,也不要求发表,也无须在作品复制品上加注著作权标记。

著作权这种自动取得的方式有利于节约社会成本,但也会给权利人维权带来一定的困难。在互联网时代,由于信息传播和复制的速度非常快,作品一经广泛流传,要证明原始作者的身份就比较困难,因此,著作权登记是证明权利人作者身份的办法之一。这种登记并不是取得著作权保护的前提条件,但登记证书可以作为权利人享有著作权的初

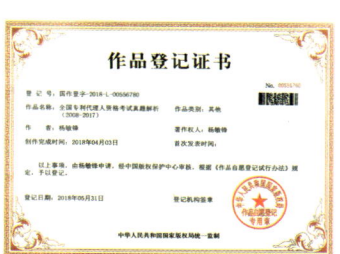

著作权登记证书

步证明，在诉讼中可以作为权属证据使用。

目前，我国的著作权登记机构除隶属于国家版权局的中国版权保护中心外，还有30多个地方登记机构。

2019年，全国著作权登记总量超418万件，同比增长21.09%。其中，作品登记总量超270万件，计算机软件著作权登记总量超148万件。自2017年4月1日起，我国停征计算机软件著作权登记费。当然，其他类型的作品还需要交纳登记费用。

（2）著作权的保护期限。

法律对著作权的保护并不是无限期的，通常始于作品创作完成之时，止于作者死亡后一定期限。对于自然人创作的一般作品，世界各国在保护期限上大多遵循"作者有生之年加死后若干年"的原则。根据我国《著作权法》，作者是自然人的，著作权的保护期限至作者死亡后第50年的12月31日；作者是法人或者非法人组织的，著作权保护期限至作品首次发表后第50年的12月31日。不过，作者的署名权、修改权、保护作品完整权的保护期不受限制。这几项权利与作者的人身联系最为紧密，即使是作者死亡后，他人也不得侵犯。

分析思考

对已经超出著作权（财产权）保护期限的作品，在使用（如出版、改编）时还应注意尊重作者的哪些权利？

著作权的行使和限制

作品一经问世，就会遇到如何使用的问题。通常，他人没有法律或合同依据，未经著作权人许可使用其作品，即构成侵权，轻则承担赔偿损失、赔礼道歉等民事责任，重则可能构成犯罪，需承担刑事责任。关于著作权的使用，同学们需要了解的主要内容有：著作权的许可使用、著作权的转让、著作权的集体管理和著作权的限制。

（1）著作权的许可使用。

通常情况下，使用他人作品，应当与著作权人订立著作权许可使用合同。根据合同约定，著作权人可以授权被许可人以一定方式，在一定期限和范围内使用自己的作品。实践中，著作权的许可使用有两种类型：一种为**专有使用权**，指著作权人授权某人使用其作品后，不得将该作品在授权使用期限内再授权第三人使用。另一种为**非专有使用权**，指著作权人授权某人使用其作品后，在许可期限内，还可以将该作品再授权第三人使用。

（2）著作权的转让。

著作权包括著作财产权和著作人身权，能够被转让的只有著作财产权。著作权人可以签订书面合同，将自己的全部或部分著作财产权转让给他人。作者死亡后，著作权中的著作财产权可以被继承。

需要注意的是，作品原件的转移并不意味着作品的著作权也发生了转让。例如，买家花费数十万元乃至上百万元购买了某知名画家的一幅油画，获得的是该油画的原件所有权，但该油画的著作权依然属于画家本人。买家可以对该油画进行所有权方面的处分，如再转卖给他人，甚至塞到灶膛里烧掉，但他不能授权出版社出版该油画，也不能对该油画进行修改。

（3）著作权的集体管理。

著作权在对外许可方面，面临着一个两难的困境。一方面，作者尤其是自然人作者，在作品发表后，往往难以控制他人对其作品的使用，更难以收到作品许可使用费。另一方面，很多作品的使用者（如KTV经营者）需要长期大量使用他人的作品，要求这些使用者找到居住在世界各地的众多著作权人，与众多著作权人一一签订作品许可使用合同也并不现实。为解决这种困境，著作权集体管理应运而生。著作权集体管理，本质上是将分散的著作权集中起来进行管理。著作权人将自己的著作权授权给著作权集体管理组织，由著作权集体管理组织统一对外授权，收取的使用费扣除管理费用后，再分配给著作权人。

目前，我国著作权集体管理组织有中国文字著作权协会、中国音乐著作权协会、中国音像著作权集体管理协会、中国摄影著作权协会、中国电影著作权协会等。这些协会分别对不同类型的作品进行集体管理。

（4）著作权的限制。

著作权人对自己的作品享有相应的权利，但基于社会公共利益需要，在一定条件下应当允许他人可以不经著作权人许可使用作品，甚至是无偿使用作品。此种情形就属于对著作权的限制。根据我国著作权法，对著作权的限制分为"合理使用"和"法定许可"两种类型。

合理使用，是指在一定情况下使用作品，可以不经著作权人许可，不向其支付报

为了个人学习使用他人作品，属于合理使用！

酬，但使用者应当指明作者姓名或者名称、作品名称，并且不得影响该作品的正常使用，也不得不合理地损害著作权人的合法权益。著作权法中的合理使用，从著作权人的角度来看，是对其著作权的限制；从使用者的角度来看，则是使用他人作品而享有利益的一项权利。我国《著作权法》第24条列举了"为个人学习、研究或者欣赏，使用他人已经发表的作品"等12种合理使用的具体情形，并规定了兜底条款。

法定许可，顾名思义，就是在特定的情况下，法律代替著作权人自动向使用者"发放"作品使用许可。法定许可与合理使用都不需要事先获得著作权人的许可，但法定许可需要向著作权人支付报酬。最常见的是为实施义务教育和国家教育规划而编写出版教科书的法定许可制度。

与著作权有关的权利

与著作权有关的权利，又称作品传播者权，是指作品传播者（包括出版者、表演者、录音录像制作者、广播电台、电视台等）在传播作品过程中因其付出的劳动或投资而依法享有的权利。作品传播者权产生的原因在于世界各国需要保护那些独创性程度不高，但又与作品有一定联系的智力成果。作品传播者权存在的意义在于补充与平衡，其法律保护强度要低于著作权。

出版者，是指图书出版社、报社、期刊社等复制、发行出版物的单位。出版者有权许可或者禁止他人使用其出版的图书、期刊的版式设计。对图书出版者而言，最重要的权利应该是专有出版权。专有出版权，是指图书出版者在一定的期限和地域范围内，享有的独家出版他人作品的权利。

表演者，是指演员、演出单位或者其他表演文学、艺术作品的人。表演者权，即表演者对其表演依法所享有的专有权利，主要包括：表明表演者身份；保护表演形象不受歪曲；许可他人从现场直播和公开传送其现场表演，并获得报酬；许可他人录音录像，并获得报酬；许可他人复制、发行、出租录有其表演的录音录像制品，并获得报酬；许可他人通过信息网络向公众传播其表演，并获得报酬。

现场演唱会

录音录像制作者的权利，是指录音录像制作者对其制作的录音录像制品，享有许可他人复制、发行、出租、通过信息网络向公众传播并获得报酬的权利。

广播电台、电视台的权利，一般是指广播电台、电视台对其播放的广播、电视节目信号所享有的权利。这种权利是基于广播行为而产生的，而不是基于节目的制作。广播电台、电视台制作的节目或拍摄的电视剧，构成视听作品的，则广播电台、电视台可作为著作权人享有相应的著作权，如中央电视台对其拍摄的电视剧《西游记》就享有著作权。广播电台、电视台有权禁止未经其许可的下列行为：将其播放的广播、电视以有线或者无线方式转播；将其播放的广播、电视录制以及复制；将其播放的广播、电视通过信息网络向公众传播。

我国《著作权法》对与著作权有关的权利的保护期限有专门规定：出版者享有的版式设计权的保护期为10年，截止于使用该版式设计的图书、期刊首次出版后第10年的12月31日；表演者许可他人传播、复制、发行其表演并获得报酬的权利的保护期为50年，截止于该表演发生后第50年的12月31日；录音录像制作者许可他人复制、发行、出租、传播其录音录像制品并获得报酬的权利的保护期为50年，截止于该制品首次制作完成后第50年的12月31日。此外，表演者表明其表演身份和保护其表演形象不受歪曲的权利的保护期不受限制。

第四单元 作品与著作权

事例分享 4-3

别动，这是我的表演

2006年3月，郭德纲和搭档王玥波发现市场上在销售《非著名相声演员郭德纲〈对口相声〉》DVD光盘和VCD光盘，其中收录了他们表演的21段相声。于是郭德纲和王玥波以侵犯表演者权为由，将涉案光盘出版方九洲公司与发行方飞乐公司诉至法院。

飞乐公司辩称，涉案光盘是该公司从天津艺术中心取得合法授权后出版发行的，不是侵权音像制品。

九洲公司辩称，该公司出版涉案音像制品经过了版权方的授权，尽到了出版者的合理注意、审查义务，不存在侵权行为。

法院经审理后认为，郭德纲和王玥波作为涉案21段相声的表演者，享有许可他人复制、发行录有其表演的音像制品并获得报酬的权利。任何人未经其许可，不得擅自使用其表演复制、发行音像制品。现郭德纲、王玥波只承认曾许可天津电视台使用涉案21段相声录制电视节目并在电视台播出，而否认许可天津艺术中心使用涉案相声出版音像制品，天津艺术中心也未能证明其获得郭德纲、王玥波的授权。据此，天津艺术中心不能被认定为涉案相声的被授权人，其无权对涉案相声进行对外许可。飞乐公司虽然与天津艺术中心签订了协议书，但并不能通过该协议书取得使用涉案相声的合法授权。

据此，法院判决飞乐公司和九洲公司构成侵权，需停止侵权，在报纸上赔礼道歉、消除影响，赔偿郭德纲、王玥波经济损失6.7万元。

第三课
著作权的保护

优秀的文学、艺术和科学作品，能够丰富人们的精神生活，推动人类社会的进步，促进国家和民族的繁荣兴盛。每个人都可以创作作品，都可以拥有著作权，著作权保护与我们每个人息息相关。

要营造优秀作品竞相涌流的良好氛围，一方面，必须营造鼓励思考、鼓励想象、鼓励创新的社会环境；另一方面，必须保障作者具有独创性的智力成果获得应有的回报，保护作者的著作权不受侵犯。保护作者著作权不受侵犯最有效的办法，是让侵权人承担相应的法律责任。这就是著作权保护的意义。我国法律规定，侵犯著作权将承担相应的民事责任、行政责任甚至刑事责任。

常见的著作权侵权行为

我国《著作权法》第52条规定了11种侵犯著作权的行为，这些侵权行为看上去比较庞杂，但这些行为都与著作权人或者与著作权有关的权利人所享有的各项权利相对应，如发表权控制发表行为，复制权控制复制行为，信息网络传播权控制在互联网上的传播行为等。如果我们未经权利人许可，实施了那些权利所控制的行为，又不构成"合理使用"或者"法定许可"，那就侵犯了他人著作权。

著作权人的著作人身权包括发表权、署名权、修改权和保护作品完整权。行为人如果未经著作权人许可，擅自发表他人作品，则侵犯发表权；未经合作作者许可，将与他人合作创作的作品当作自己单独创作的作品发表，则同时侵犯了合作作者的发表权和署名权；没有参加创作，为谋取个人名利，在他人作品上署名，则侵犯署名权；歪曲、篡改他人作品，则侵犯保护作品完整权；剽窃他人作品，则同时侵犯了著作人身权和著作财产权。

侵犯著作权的行为，除前述侵犯著作人身权的行为外，还包括侵犯著作财产权的行为。如未经著作权人许可，以展览、摄制视听作品的方法使用作品，或者以改编、翻译、注释等方式使用作品，分别侵犯了展览权、摄制权、改编权、翻译权和注释权。另外，使用他人作品应当支付报酬而未支付报酬也属于侵犯著作权。著作财产权中还包括出租权，不过这项权利仅针对视听作品和计算机软件。如果未经著作权人许可，出租视听作品或者计算机软件的原件或者复制件，则侵犯出租权。

事例分享4-4

受赠的作品不能被擅自作为商业标识使用

1994年，中国著名书法家关东升应邀为道琼斯公司总裁康比德书写了一幅"道"字书法，其中包括"道"字、"君子爱财、取之有道"及"康比德先生正"的题跋、落款、关东升名章、闲章。2002年，关东升发现道琼斯公司未经其许可将该款"道"字用于公司的商业标识，在网络、媒体广告、宣传材料上广泛使用，并删除了书法作品中的题跋、落款和印章。关东升认为道琼斯公司的行为侵犯了自己的著作权，遂提起诉讼。

道琼斯公司辩称，其使用的商业标识中包含的"道"字确为原告所写，但其使用是经过原告许可的，并不构成对原告著作权的侵犯。

法院经审理认为，道琼斯公司将涉案"道"字书法作品用于其商业标识，应当

获得著作权人的许可。现双方并未就该书法作品的使用签订书面许可使用合同,且原告现否认自己曾许可道琼斯公司以商业标识的方式使用该作品。道琼斯公司虽然受赠获得该作品的原件,但并未获得该作品的著作权,不能据此认为原告已许可其将该作品作为商业标识使用。

据此,法院判决道琼斯公司停止侵权,向原告书面赔礼道歉,赔偿原告经济损失40万余元。

侵犯著作权的法律责任

著作权中包括著作人身权和著作财产权,对于侵犯著作人身权的行为,侵权人应当承担停止侵害、消除影响、赔礼道歉、赔偿损失的民事责任;对于侵犯著作财产权的行为,侵权人应当承担停止侵害、赔偿损失的**民事责任**。如果发生《著作权法》第53条规定的严重侵犯著作权的行为,侵权人在承担民事责任的同时,还有可能承担被主管著作权的部门责令停止侵权行为,予以警告,没收违法所得,没收、无害化销毁处理侵权复制品,并处罚款等**行政责任**。侵权行为如果构成犯罪,则依法追究侵权人的**刑事责任**。

事例分享 4-5

琼瑶诉于正《宫锁连城》侵权

2014年5月28日,作家琼瑶向法院提起诉讼,称于正未经其许可,擅自采用其小说《梅花烙》和同名剧本的核心独创情节,改编创作电视剧本,并联合其他相关被告,共同摄制、播出了电视连续剧《宫锁连城》。琼瑶认为,于正等被告严重侵犯了她的改编权、摄制权,同时对她本人造成了极大的精神伤害。

一审法院经审理认为:(1)在人物设置与人物关系设置

上，剧本《宫锁连城》是以原告作品为基础进行的改编及再创作；（2）在作品情节上，剧本《宫锁连城》中有9个情节安排与原告作品构成实质性相似；（3）在作品整体上，剧本《宫锁连城》相对于原告作品在整体上的情节排布及推演过程基本一致，导致与原告作品相似的欣赏体验。综上，一审法院认定，剧本《宫锁连城》涉案情节与原告作品的整体情节具有创作来源关系，构成对原告作品的改编。

据此，一审法院判定被告于正侵权成立，要求其赔礼道歉，并与其他相关被告连带赔偿原告经济损失及诉讼合理开支共计500万元，同时立即停止电视剧《宫锁连城》的复制、发行和传播。

一审宣判后，于正等相关被告不服判决，提起上诉。二审法院判决驳回上诉，维持原判。

应对著作权侵权行为的措施

根据我国《著作权法》规定，权利人的著作权以及与著作权有关的权利被侵犯时，可以通过司法途径或行政途径维护自己的著作权权益。**司法途径**，是指向有管辖权的人民法院提起诉讼，请求法院通过司法审判或者调解，追究侵权人的侵权责任；**行政途径**，是指请求有管辖权的主管著作权的部门对侵权人作出行政处罚。不过在行政程序中，主管著作权的部门不能裁定侵权赔偿的数额，只能应当事人请求进行调解，调解不成或调解书生效后不履行的，当事人只能通过诉讼解决。如果权利人有证据证明侵权者的行为已构成犯罪，还可以向公安机关报案，请求公安机关立案侦查；权利人也可以直接向人民法院提起刑事自诉。

作为公民，当发现侵犯著作权以及与著作权有关的权利的行为时，我们都有权利和义务向有关部门举报，要求有关部门制止侵权行为，并对侵权行为人作出行政处罚，以共同维护良好的著作权保护环境。例如，当我们买到盗版图书或音像制品时，就可以向国家版权局反盗版举报中心网站举报或拨打举报电话12390。"反盗版举报中心"不仅受理社会公众的举报，还会对举报及查处重大侵权盗版行为有功的单位和个人进行奖励。

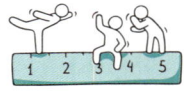 问题讨论

张老师在市场上购买了一本学习辅导资料，认为这套资料很适合自己的学生。但是由于教师不能推荐学生购买辅导资料，张老师就扫描了该图书的全部内容，并上传到自己的网盘，供同学们下载使用。你认为张老师的行为是否侵犯了作者的著作权？为什么？

第五单元

知识产权保护的其他内容

第一课
植物新品种

我国《专利法》明确规定，对植物品种不能授予专利权，那么，对植物的品种权如何保护呢？

事例分享 5-1

顽强的美人榆

近年来，一种春季为绿色，入夏后叶色变成鲜亮的金黄色且可"打扮"成不同造型的景观树——中华金叶榆，在我国北方许多城市风靡一时。中华金叶榆别称美人榆，是河北林科院与石家庄绿缘达公司历时十多年联合培育出的植物新品种。2006年，美人榆通过国家林业局审查授权，成为我国首个自主培育的彩色榆树植物新品种。

美人榆耐寒冷、干旱和盐碱，水土保持能力强。它的出现，解决了我国高寒、高旱、盐碱地区及山体绿化中春、夏、秋三季配色难题，结束了我国寒冷地区园林行业没有黄色树种的历史，改变了我国北方地区色彩单调、盐碱地区和山体美化中缺少合适品种的局面。短短几年，美人榆就遍及我国大部分省市。

全国中小学知识产权教育示范读本（试用本）

美人榆属于无性繁殖的植物，技术门槛低、种植简单，可以通过枝条或者芽实现大量繁殖。遗憾的是，这些生物学上的优势却同时给侵权人带来了便利。从育种者到全国各地进行适应性种植试验开始，该树种就遭遇了大面积的盗种。

从2010年开始，河北林科院成立美人榆维权办公室，聘请律师团队，踏上了漫漫维权路。2016年，在一起关键性案件中，河北林科院与石家庄绿缘达公司在一审、二审均败诉的情况下，通过申请再审最终获胜，再审法院判决侵权人侵犯品种权成立，需向其支付品种使用费20万元。

什么是植物新品种

植物新品种，是指经过人工培育的或者对发现的野生植物加以开发，具备新颖性、特异性、一致性和稳定性并有适当命名的植物品种。比如某植物品种具有抗旱性、对土地条件的适应性或高产性，花叶或果实有特殊的颜色或味道等。

植物新品种来源于人们对植物的人工培育或者对野生植物的开发。植物育种有很多目的，可以是提升农作物的质量和产能，提高观赏植物的美观性，或者开展濒危物种的育种等。世界各地农业生产能力的巨大进步，在很大程度上归功于对植物品种的改良，这对于促进一国国民经济的健康发展和社会稳定也具有极为重要的意义。当今世界，种业界的大公司都把品种资源研究和新品种选育视为公司的生命线，并将销售利润中的很大一部分用于育种科研。植物新品种保护的最终目的是鼓励更多的组织和个人向植物育种领域投资，从而有利于育成和推广更多的植物新品种，促进农林业生产的不断发展。

我国《专利法》明确将植物品种置于保护范围之外，以品种权给植物新品种提供特殊保护。1997年，我国发布了《植物新品种保护条例》，对符合条件的植物新品种授予植物新品种权。我国的植物品种权保护制度与专利制度比较相似，不过专利制度实行的是"负面清单"制度，除《专利法》明确排除的客体外，都可以通过专利制度获得保护。植物新品种保护实行的则是"正面清单"制度，只有纳入植物品种保护名录的种或属才能获得品种权保护。

完成育种的单位和个人申请品种权并获得授权后，对其授权品种享有独占的权利。依据这种权利，凡利用受保护的品种从事有关生产流通行为，必须事先得到育种人的许可。"杂交水稻之父"袁隆平院士领导的湖南杂交水稻研究中心培育的"培矮64S水稻"，成为全国第一个申请并获得授权的植物新品种。1999年4月，我国正式加入《国际植物新品种保护公约》。随着育种者申请品种权的积极性日益高涨，我国植物新品种的年申请总量已居《国际植物新品种保护公约》成员前列。

如何获得植物新品种权

植物新品种培育完成后，不能自动取得品种权，必须经过申请、受理和审批的程序。我国农业农村部、国家林业和草原局都成立了植物新品种保护办公室，分别受理农业和林业领域的植物新品种申请。品种权的保护期限自授权之日起计算，藤本植物、林木、果树和观赏树木的保护期限为20年，其他植物的保护期限为15年。

为保证品种权审查的科学性和权威性，有关部门在借鉴国际植物新品种测试技术规范的基础上，结合我国实际，组织制定了玉米、水稻、杨树、牡丹等植物新品种测试指南，其中240多个已以国家或行业标准的形式予以公布实施。截至2020年12月，我国先后发布并施行了11批农业植物新品种保护名录和7批林草植物新品种保护名录，受品种权保护的植物属或种的数量达到475个，其中农业植物品种191个、林草植物品种284个。

全国中小学知识产权教育示范读本（试用本）

如何保护植物新品种

与植物新品种相关的违法行为，分为侵犯品种权、假冒授权品种和销售授权品种未使用其注册登记的名称三种情形。

侵犯植物新品种权的行为，是指未经品种权人许可，以商业目的生产或销售授权品种的繁殖材料，以及将该授权品种的繁殖材料重复使用于生产另一品种的繁殖材料的行为。针对侵犯品种权的行为，权利人可以直接向法院起诉，追究侵权人的民事责任，也可请求省级以上人民政府农业、林业行政部门处理。农业和林业行政部门处理品种权侵权案件时，为维护社会公共利益，可以责令侵权人停止侵权行为，没收违法所得和植物品种繁殖材料；并可处以罚款。

假冒授权品种的，由县级以上人民政府农业、林业行政部门依据各自的职权责令停止假冒行为，没收违法所得和植物品种繁殖材料，并可处以罚款。情节严重构成犯罪的，依法追究刑事责任。

销售授权品种未使用其注册登记的名称的，由县级以上人民政府农业、林业行政部门依据各自的职权责令限期改正，可以处1000元以下的罚款。

第二课
商业秘密

这一节我们将了解什么是商业秘密，商业秘密如何获得保护。

事例分享 5-2

"iHealth"商业秘密案

华为公司于2012年至2013年组织人员开发了智慧健康研究"iHealth"项目。2012年年初，华为员工陈某某、张某某、韩某某离开华为公司自主创业，并以他人名义成立了博迪物联公司。陈某某和张某某在明知违反华为公司保密规定和员工协议的情况下，密谋指使当时在华为公司工作的吴某盗取华为公司的"iHealth"项目源代码，并以此为基础研发博迪物联公司的运动健康软件及其配套可穿戴设备。

吴某接受授意，通过技术手段将"iHealth"项目源代码拷贝至U盘后交给韩某某。韩某某根据陈某某等人的指示，对上述源代码进行修改，于2013年5月开发完成"ibody运动"管家App，并推出配套的"ibody"计步器产品。

2016年，检察院就陈某某等4人侵犯商业秘密罪向法院提起公诉。法院经审理认为，被告人陈某某、张某某、韩某某、吴某无视国家法律，盗窃并使用权利人华为公司的商业秘密，给权利人造成重大损失，其行为均已构成侵犯商业秘密罪。据此，法院对陈某某等4人均判处1年以上有期徒刑（均适用缓

第五单元
知识产权保护的其他内容

刑），并处2万—6万元不等的罚金。

什么是商业秘密

具备以下三个条件的技术信息、经营信息等商业信息即为**商业秘密**：不为公众所知悉；具有商业价值；权利人采取了保密措施。其中，**不为公众所知悉**，是指该信息不能从公开渠道直接获取；**具有商业价值**，是指该信息能为权利人带来现实的或者潜在的经济利益或者竞争优势；**权利人采取保密措施**，包括订立保密协议，建立保密制度以及采取其他合理的保密措施。

商业秘密中的技术信息，通常包括设计图纸（含草图）、试验记录和试验结果、工艺、配方、样品、计算机程序等。技术信息可以是特定的完整技术方案，也可以是某一产品或技术中的部分技术要素。商业秘密中的经营信息，包括客户信息（名称、地址、联系方式以及交易记录、交易习惯、交易意向等）、货源情报、产销策略、招投标中的标底及标书等信息。

如何保护商业秘密

商业秘密无须注册登记就可以获得保护。商业秘密中的技术信息，如果符合新颖性、创造性和实用性的要求，也可以申请专利保护。专利的保护有期限，如发明专利的保护期限是自申请之日起20年，而商业秘密只要保护得当，理论上可以永远存在。

这并不意味着通过商业秘密保护就优于专利。如果某个技术信息通过商业秘密进行保护，则只有当行为人违反诚实的商业做法，如通过盗窃、贿赂的方式获取技术信息时才构成侵权；行为人通过自己研发或者反向工程获得技术信息则不构成侵权。而如果该技术信息通过专利进行保护，则只要行为人的技术信息落入专利权的保护范围就构成侵权，即使行为人是通过自己研发或者反向工程获得也不能免责。

因此，一项技术是通过商业秘密保护还是通过专利保护，要具体问题具体分析。容易被他人破解的技术，比较适合申请专利；反之则可以考虑通过商业秘密来保护。当然，如果权利人要将自己的技术进行商业化运作，如作价入股，那恐怕通过专利保护更合适，毕竟专利的价值更容易评估，也没有技术信息泄密的风险。

根据法律规定，行为人侵犯他人商业秘密，可能会承担民事责任、行政责任甚至是刑事责任。经营者的商业秘密受到不正当竞争行为损害的，可以向人民法院提起诉讼，要求侵权人停止侵权，赔偿损失。经营者以及其他自然人、法人和非法人组织侵犯商业秘密的，由监督检查部门责令停止违法行为，没收违法所得，处以罚款。侵犯商业秘密情节严重，构成犯罪的，依法追究刑事责任。根据《刑法》规定，侵犯商业秘密罪，最高可判处10年以下有期徒刑，并处罚金。

第五单元
知识产权保护的其他内容

集成电路布图设计

半导体集成电路芯片是计算机信息技术发展的核心，集成电路芯片的质量直接决定了计算机通信技术的发展水平。集成电路芯片体积虽小，但是其中却包含着很高的技术含量。

什么是集成电路布图设计

集成电路布图设计，是指集成电路中至少有一个是有源元件的两个以上元件和部分或者全部互连线路的三维配置，或者为制造集成电路而准备的上述三维配置。通俗地说，它就是确定用以制造集成电路的电子元件在一个传导材料中的几何图形排列和连接的布局设计。

集成电路产业是全球范围内的核心高科技产业之一，具有战略性和市场性双重特性。在国防和国家安全领域，集成电路起着维护国家利益，捍卫国家主权的关键作用。为了保护集成电路布图设计专有权，鼓励集成电路技术的创新，促进科学技术的发展，我国于2001年颁布了《集成电路布图设计保护条例》。

半导体集成电路

如何保护集成电路布图设计

集成电路布图设计专有权经国家知识产权局登记产生。申请人需提交集成电路布图设计的图样，经审查后，未发现形式缺陷的，国家知识产权局予以授权并公告。集成电路布图设计专有权的保护期限为10年，自布图设计登记申请之日或者在世界任何地方首次投入商业利用之日起计算，以较前日期为准。此外，无论是否登记或者是否投入商业利用，布图设计自创作完成之日起15年后，不再受保护。

集成电路布图设计专有权的内容主要涉及复制权和商业实施权。具体来说，**复制权**是指专有权人对受保护的布图设计的全部或其中任何具有独创性的部分可以进行复制或许可他人复制的权利；除法律另有规定外，未经权利人许可，任何第三人不得复制。**商业实施权**是指将专有权人受保护的布图设计、含有该布图设计的集成电路或含有集成电路的物品投入商业利用，包括为商业目的进口、销售、出租、许可实施等以展示或其他方式扩散布图设计，或禁止他人实施上述行为的权利。

集成电路布图设计专有权作为一种独立的知识产权，其特点介于版权和专利权之间，更接近版权，故也被一些学者称为"工业版权"。版权制度不排斥他人独立创作出类似的作品，集成电路布图设计专有权同样如此。

事例分享 5-3

我国芯片产业的现状

芯片是集成电路的灵魂，它应用领域广泛。如果一个国家拥有芯片技术，那就相当于站在国际科技发展的最前沿。中国是世界上芯片市场需求量极高的国家，但芯片自给严重不足。因为我国在芯片领域起步晚，积累技术时间短，缺乏优秀专业人才，缺乏自主研发，长期依赖进口。国外巨头在集成电路领域起步早，技术积累时间长，拥有核心技术和知识产权，经验丰富，一直以来都占据着市场和研发的制高点。

根据美国半导体行业协会（SIA）2021年发布的相关报告，尽管中国对于半导体的需求巨大，但本土芯片产业规模相对较小，仅占全球半导体总销售额的7.6%。2020年，中国半导体进口金额高达3780亿美元，这些半导体用来组装了全球1/4（需要半导体）的电子产品。半导体是美国最大的出口产品之一，2020年美国半导体出口总额达490亿美元，在美国出口中排名第四，仅次于飞机、成品油和原油。

从2019年年初到2020年7月，美国先后把近百家中国企业列入实体清单，实行高科技出口管制，其中包括限制对中国通信巨头华为的芯片供应。实践证明，核心技术是买不来的。中国芯片行业的"短板"最终还是需要中国人自己努力奋斗、不断创新，一步一步踏实追赶。总的来说，发展集成电路产业，要有长期的思想准备和投入，不能指望短短几年就获得回报，真正把集成电路产业发展起来，尚需时日，我们要有决心，也要有定力，把行业"短板"补齐，踏踏实实坚持做下去。

第四课
地理标志

人们到一个地方旅游，通常会购买一些当地的"土特产"，如阳澄湖大闸蟹、金华火腿、郫县豆瓣、西湖龙井等。很多著名的"土特产"往往都受到地理标志制度的保护。

事例分享 5-4

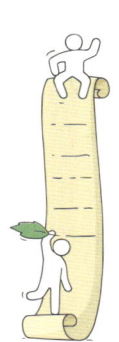

西湖龙井茶的保护

西湖龙井，是我国十大名茶之一，产于浙江省杭州市西湖龙井村周围群山，具有1200多年历史。西湖龙井具有色泽翠绿、香气浓郁、甘醇爽口、形如雀舌的特点，即俗称"龙井四绝"的"色绿、香郁、味甘、形美"。

龙井茶由于名气大，价格高，成为很多竞争对手觊觎的对

全国中小学知识产权教育示范读本（试用本）

第五单元 知识产权保护的其他内容

象,假冒情况日趋严重。2011年2月18日,西湖区龙井茶产业协会在杭州市工商局、西湖区政府、西湖区工商分局的指导下,提出"西湖龙井"地理标志证明商标的注册申请,并于2011年6月28日获得注册。

该证明商标获得注册后,由商标权人西湖区龙井茶产业协会负责"西湖龙井"地理标志证明商标的注册和使用监督管理等工作。符合《"西湖龙井"地理标志证明商标使用管理规则》的产品经营者,可向该协会申请使用"西湖龙井"地理标志证明商标。地理标志的取得,对市场上龙井茶假冒产品的泛滥起到了积极的抑制作用。

2011年,作为"中欧互认互保"试点项目中,中国指定的10个可以与欧盟互认互保的地理标志产品之一,"龙井茶"获得欧盟地理标志保护。成为欧盟地理标志产品意味着"龙井茶"将在欧盟获得等同于欧盟地理标志产品的严格保护。

2020年,为进一步规范西湖龙井茶的管理,西湖龙井茶证明商标由西湖区龙井茶产业协会转让给杭州市西湖龙井茶管理协会,自此西湖龙井茶由杭州市统一管理。

什么是地理标志

地理标志,是指标示某商品来源于某地区,该商品的特定质量、信誉或者其他特征主要由该地区的自然因素或者人文因素所决定的标志。

举例来说,法国因时尚而著名,其香槟和奢侈品更是闻名世界。法国香槟酒行业委员会注册了集体商标"香槟",奢侈品厂商注册了诸如"Louis Vuitton"(路易威登)等普通商标。香槟能够成为地理标志,但是路易威登等商标却不能,这是因为路易威登尽管是法国人申请注册,但只要按照特定的工艺生产,世界上任何一个国家或地区都可以生产出同样的包。当我们购买路易威登包时,关注更多的是"LV"字样。然而,当我们品尝香槟时,必然会想到这是在法国香槟区选用指定的葡萄品种,根据指定的生产方法和工艺所酿造的气泡酒。简而言之,地理标志产品代表了一种地域优势、文化符号和技术工艺的传承,是优良品质的代表。

如何保护地理标志

在中国,多年来存在三种并列的地理标志保护体系,包括原国家工商行政管理总局商标局的集体商标、证明商标保护体系,原国家质量监督检验检疫总局的地理标志产品体系以及原农业部的农产品地理标志体系。

这三种不同的体系对地理标志保护的标准并不统一,方式上也不协调,相互之间缺乏有效衔接和沟通,导致我国地理标志存在重叠保护和权利冲突等一系列问题。

2018年3月,国务院职能机构改革,整合了原国家工商行政管理总局和原国家质量监督检验检疫总局的职能。从2020年4月3日开始,地理标志保护产品和作为集体商标、证明商标注册的地理标志均使用统一的"地理标志专用标志"。

地理标志专用标志

第五单元
知识产权保护的其他内容

第五课
互联网域名

域名权具有知识产权的属性,是新类型标识性知识产权,具有巨大的商业和经济价值。随着互联网络和电子商务的迅猛发展,域名的商业价值越来越大,而伴随的域名抢注问题也愈演愈烈。

什么是互联网域名

域名,又称网域,是由一串用点分隔的名字组成的Internet上某一台计算机或计算机组的名称,用于在数据传输时对计算机的定位标识(有时也指地理位置)。以"https://www.baidu.com/"为例,其中的"https"是指以安全为目标的超文本协议;"www"是指万维网;"baidu"为域名中可具有识别性的部分;".com"则为国际最广泛流行的通用域名格式。从域名构造来看,通常发生纠纷的是域名中具有识别性的部分,如前面例子中的"baidu"。

互联网名称与数字地址分配机构(ICANN),是一个非营利性的国际组织,成立于1998年,负责在全球范围内对互联网唯一标识符系统及其安全稳定的运营进行协调,包括互联网协议(IP)地址的空间分配、协议标识符的指派、通用顶级域名以及国家和地区顶级域名系统的管理、根服务器系统的管理。同时,世界各国和国际组织,尤其是世界知识产权组织在域名管理体系建构中的作用也日益重要。中国互联网络信息中心(CNNIC),是我国域名注册管理机构和域名根服务器运行机构,负责运行和管理国家顶级域名".CN"、中文域名系统。

如何保护互联网域名

域名系统要求域名在全球范围内是唯一的,不可能存在完全相同的域名。有的动机不纯的人专营抢注域名,然后出卖给商标权人。有人称此种行为是域名的"劫持"或"囤积",将这些抢注人称为"商标蟑螂"。在域名保护的实体法律方面,我国主要通过《商标法》和《反不正当竞争法》规制抢注域名的行为。

除了通过司法途径解决域名纠纷以外,当域名纠纷发生在顶级国际域名上时,当前的国际域名体系已经形成了非诉讼的纠纷解决机制。我国也于2002年首次出台了《中国互联网络信息中心域名争议解决办法》。

事例分享 5-5

2015年,亚洲域名争议解决中心(ADNDRC)收到投诉人腾讯公司对域名"weixin.com"的投诉;随后,亚洲域名争议解决中心行政专家组对该投诉作出裁决,将争议域名转移给腾讯公司所有。裁决作出后,域名"weixin.com"的所有者对此表示异议,向法院提起诉讼,最终双方和解,就域名归属和使用等问题达成一致。